ANTIQUITÉS

DU CAUCASE.

PARIS. — IMPRIMERIE DE FAIN ET THUNOT,
Rue Racine, 28, près de l'Odéon.

RECHERCHES

SUR

LES POPULATIONS PRIMITIVES

ET LES PLUS ANCIENNES TRADITIONS

DU CAUCASE,

LUES A LA SOCIÉTÉ D'ETHNOLOGIE DE PARIS, DANS LES SÉANCES DES 27 AOUT
ET 24 SEPTEMBRE 1846.

PAR

M. VIVIEN DE SAINT-MARTIN,

SECRÉTAIRE GÉNÉRAL DE LA SOCIÉTÉ DE GÉOGRAPHIE DE PARIS,
MEMBRE DE LA SOCIÉTÉ D'ETHNOLOGIE,
MEMBRE CORRESPONDANT DE LA SOCIÉTÉ GÉOGRAPHIQUE DE DARMSTADT,
DIRECTEUR DES NOUVELLES ANNALES DES VOYAGES, ETC.

PARIS.

ARTHUS BERTRAND, LIBRAIRE,

ÉDITEUR DES NOUVELLES ANNALES DES VOYAGES,

23, rue Hautefeuille.

—

1847.

Ce Mémoire était destiné dans l'origine à former un des premiers chapitres du volume que je consacre à la région du Caucase dans mon *Histoire Universelle des Découvertes Géographiques*. Mais tant de questions neuves et importantes se sont offertes à moi, et ces questions, à peine abordées jusqu'à présent, nécessitaient de tels développements, que mon travail a pris bientôt une beaucoup plus grande extension que je ne l'avais projeté. J'ai craint dès lors qu'il ne fût hors de proportion avec l'ensemble des matières que doit contenir un seul volume dont les temps anciens ne font que la moindre partie, et je me suis décidé à

le faire imprimer séparément. C'est au petit
nombre de lecteurs compétents à qui je le
destine, à juger s'il méritait cet honneur.

16 mars 1847.

TABLE.

I,

NOTIONS BIBLIQUES.

II.

TRADITIONS INDIGÈNES,

Traditions des Arméniens. — Des Géorgiens.
— Remarques ethnographiques.

III.

DES ASES ET DE L'ASIE CAUCASIENNE.

FIN DE LA TABLE.

RECHERCHES

SUR

LES POPULATIONS PRIMITIVES

ET LES PLUS ANCIENNES TRADITIONS

DU CAUCASE.

I.

NOTIONS BIBLIQUES.

L'Arche de Noé et l'Ararat. — Dispersion des peuples après le Déluge.
— Japhétides. — Sur Gomer et les Kimris ou Cimmériens. — Sur
Askhenaz. — Sur Tôgarmâh et le nom d'Arménie. — Sur Gog et
Magog. — Sur Toubal et Meschekh, et sur l'origine caucasienne de
ces appellations ethnographiques. — Sur le nom d'Ibérie.

Le plus ancien événement dont les hommes aient
gardé le souvenir, le premier aussi dont nous puissions déterminer, non pas la date, mais du moins la
place approximative dans l'ordre des temps, c'est
le Déluge. A une époque que l'on ne peut faire remonter à plus de trois ou quatre mille ans avant
l'ère Chrétienne, un immense cataclysme, qui se
rattache peut-être à la dernière révolution géolo-
gique de la croûte terrestre, à celle qui a donné aux

1

terres et aux mers de notre continent leurs limites
respectives, et qui a dessiné tel qu'il est resté depuis le relief actuel de la région caucasienne, — un
immense cataclysme, disons-nous, « rompit tout à
coup les sources de l'abîme, » et fit périr sous les
eaux la plus grande partie du genre humain. Ceux
qui survécurent gardèrent profondément empreint
dans leur esprit, et transmirent à leurs enfants le
souvenir de ce grand désastre. La tradition s'en est
en effet conservée chez tous les peuples de l'Asie occidentale, chez les uns écrite en tête de leurs livres
religieux, chez d'autres mêlée aux mythes héroïques
qui précèdent partout le commencement de l'histoire positive.

Cet événement mémorable tient surtout une
grande place dans la Genèse, écrite par Moïse environ seize cents ans avant J.-C. Comme les Hindous et les Khaldéens, pour ne parler que des peuples dont nous avons à ce sujet le témoignage parallèle, les Hébreux croyaient que de tout le genre
humain une seule famille avait trouvé grâce aux
yeux de Dieu, et que cette famille, dont Noé était
le chef, s'était sauvée dans une arche qui s'arrêta sur
la montagne d'Ararat, lorsque les eaux se reti-
rèrent de la face de la terre. Sous ce nom d'Ararat, les plus anciennes traditions des peuples de
la Babylonie et de la Mésopotamie n'entendaient
autre chose que le haut pays de montagnes qui
borde au Nord les plaines qu'arrose l'Euphrate.
Telle est la signification originaire du mot, for-

mé, selon le génie des idiomes araméens, par la réduplication du radical *ar*, הר, *mons*, pour exprimer une montagne ou un pays montagneux d'une très-grande élévation. Aussi l'opinion la plus répandue chez les anciens Araméens et chez les Babyloniens faisait-elle arrêter l'arche au milieu des montagnes de la Gordiène, immédiatement au Nord des plaines de Sindjar, tradition qui s'est perpétuée chez les montagnards de cette partie du Kourdistan (1). Ce sont les commentateurs d'une époque comparativement récente qui spécialisèrent cette appellation générique en l'appliquant au pic le plus élevé de l'Arménie, auquel depuis lors le nom d'*Ararat* est resté attaché (2). Il faut remarquer que ce nom est étranger aux Arméniens eux-mêmes, et que la dénomination indigène de l'Ararat est *Masis* (3).

(1) Voyez les autorités de diverses époques alléguées par Bochart, *Phaleg*, lib. I, c. 3, et par Saint-Martin, *Mémoires sur l'Arménie*, t. I, p. 262 et suiv. Dans Joseph, *Antiq. Jud.* xx, 2, le nom du canton où se voyaient encore, dit-il, les restes de l'arche, et qu'il écrit Καρῶν, Kairôn, doit se prendre non pour les monts Gordiens, comme le conjecture Bochart (*loco cit.*), mais bien pour la *Khalonitis*, district de l'Adiabène mentionné par Polybe, Pline et Denys le Périégète, précisément au pied du mont Djioudi, une des plus hautes sommités des montagnes du Kourdistan.

(2) Saint-Martin, *Mémoires sur l'Arménie*, t. I, p. 264 sqq.

(3) De même que l'appellation araméenne d'*Ararat*, le nom de *Masis* ne paraît, au reste, avoir originairement exprimé que la très-grande hauteur, la prédominance du pic gigantesque auquel on l'appliqua. *Medz*, en arménien, signifie *grand*. Ce nom se rattache au primitif sanskrit *mah* ou *mahat*, ou plus directement

L'Arménie et les pays du Caucase se retrouvent encore, quoique le Caucase ni l'Arménie n'y soient explicitement nommés, dans le tableau que trace la Genèse, au chapitre X, de la distribution des peuples dans l'Asie occidentale après le Déluge. On sait que le repeuplement de la terre est attribué par l'écrivain sacré aux trois races de Sem, de Kham et de Japhet, issues des trois fils de Noé : c'est à la race des Japhétides que sont assignées les contrées du Nord, dans lesquelles est comprise la région Caucasienne. « Les fils de Japhet, dit la Genèse (1), furent Gômer, Mâgog, Madaï, Jâvân, Toubâl, Meschekh et Tirâz ;

» Et les fils de Gômer, Askhenaz, Rîphat et Tôgarmâh. »

Tel est, dans sa précision laconique, le plus ancien document que l'Orient nous ait transmis sur les populations primitives des pays qui s'étendent au-dessus des plaines de l'Euphrate, vers le Pont-Euxin, la Caspienne et le Caucase.

à la forme zende *mas*, dont les analogues se retrouvent dans les langues sœurs ou dérivées de la souche sanskrite : en grec, μείζων, μέζων et μάσσων, comparatifs de μέγας ; dans l'ancien gothique (Voy. Wachter), *mees*, grand, dont il ne reste que la forme superlative *meest*, anglais *most* (Comp. l'hébreu *masal*, dominer). La chaîne très-élevée qui forme, immédiatement au dessus des plaines mésopotamiennes, le dernier contre-fort du plateau arménien vers le Midi, porte aussi chez les géographes classiques le nom de *Masius*, qui n'est que l'appellation arménienne *Masis*.

(1) Chap. X, v. 2 et 3.

Mais ce document n'en renferme pas moins en deux lignes d'indications, des notions dont l'exactitude nous est confirmée, même en dehors de la garantie du texte sacré, par leur parfaite concordance avec celles que les historiens et les géographes des temps postérieurs nous ont fournies sur les mêmes régions.

Et en même temps nous y trouvons plus d'une donnée précieuse, — précieuse par sa source et par sa date, — qui jette à son tour une vive lumière sur quelques-unes des traditions vaguement conservées parmi les peuples de l'Europe au sujet de leurs plus anciennes origines.

C'est ce que nous allons tâcher de faire ressortir dans un rapide commentaire.

Gômer.

La place que l'auteur de la Genèse donne à Gômer dans son énumération ethnographique, jointe à d'autres indices que nous signalerons tout à l'heure, semble faire de ce nom le représentant du peuple le plus reculé vers le Nord qui fût alors connu.

Or les autorités ne manquent pas à l'appui de cette donnée.

Les Hellènes, fils des vieux Pélasghes, dont les plus anciennes traditions, nous le verrons bientôt, se rattachaient au Caucase comme au point de départ de la migration qui les avait autrefois amenés autour de l'Egée, les Hellènes gardaient dans leurs

mythes religieux et dans leurs chants héroïques le
nom des Kimmériens lié à celui des pays qui bordent
le Caucase et le Palus Mœotis. Le barde antique
qui, sous le nom d'Orphée, célébra l'expédition des
Argonautes aux plages orientales du Pont Euxin,
y connaît ce nom de Kimmériens ; et quoique des
interpolations nombreuses aient évidemment altéré
la pureté de ce texte vénérable, et que le récit orphique semble placer les Kimmériens aux extrémités occidentales du monde connu, des vestiges
précieux de la tradition primitive, conservés au
milieu de ces altérations qui la défigurent, permettent encore d'en reconnaître avec certitude le
point de départ et le premier théâtre. Ce peuple
Kimmérien, auquel les monts Riphées et les monts
Caspiens (1) interceptent au Midi les rayons du soleil, ne sauraient appartenir qu'aux abords du Caucase, quoiqu'une main malhabile ait voulu placer
dans l'Hespérie des notions qui se rapportent évidemment à l'antique géographie du Nord (2).

Ce déplacement des Kimmériens, ainsi transpor-
tés des extrémités septentrionales du monde aux extrémités occidentales (3) est d'ailleurs fort ancien.

(1) La restitution de Κάσπιος, pour Κάλπιος αὐχὴν qu'on lit dans
le texte en connexion avec le Ῥίπαιον ὄρος, nous paraît indubitable. Comp. le v. 1075, édit. de Gesner, où le poëte mentionne
un peuple caspien, Κάσπιον ἔθνος.

(2) Orphei *Argonautica*, v. 1118 sqq. edit. Gesn.

(3) Il n'est pas de fait, même dans le domaine de la poésie,
surtout dans celui de la poésie antique, qui n'ait sa raison, connue ou ignorée. Le déplacement des Kimmériens ne fut pas sû-

On le retrouve dans Homère, qui écrivait son Odyssée au moins neuf siècles avant J.-C. (1) ; et telle était l'autorité du poëte, que des historiens beaucoup plus récents furent entraînés par lui dans la même erreur (2). Mais le poëte tragique Eschyle, profondément versé dans les vieilles traditions helléniques, et qui puisait, quoique postérieur de quatre siècles à Homère, dans des sources antiques aujourd'hui perdues pour nous, Eschyle ne manque pas de reporter vers le Caucase le peuple Kimmérien dont le nom s'était transmis dans les souvenirs des anciens âges (3). Il en est de même du mythographe Apollodore, dans son histoire des temps héroïques de l'Hellénie (4).

rement un simple jeu de l'imagination : ce fut sans doute par une sorte d'analogie que les poëtes transportèrent dans la région ténébreuse du couchant, là où chaque jour le soleil venait éteindre ses feux au sein d'une mer inconnue, un peuple que les traditions antiques représentaient comme habitant un pays de ténèbres aux dernières extrémités du Nord. Il put y avoir aussi à cette transformation des traditions, dont s'était emparé la poésie, un fondement historique basé sur les migrations réelles du peuple Kimmérien.

(1) Odyss. XI, 13 sqq. Cp. Strab. lib. III, p. 149 B, édit. Casaub.

(2) Voy. Éphore, dans Strabon, lib. V, p. 244 D; cp. lib. III, p. 149 B, et fragm. 45 de l'édition Müller des *Fragmenta Historicor. Græcor.* p. 245.

(3) Æschyli *Prometheus Vinctus*, v. 700 et suiv. édit. Ahrens. Nous reviendrons plus tard sur la cause historique qui dirigea particulièrement, dans le temps où vivait Eschyle, l'attention des Hellènes vers le Caucase.

(4) *Bibliothèque d'*Apollodore, liv. II, c. 1, § 3, éd. Clav.

Tous les historiens ont d'ailleurs connu les Kimmériens là même où les placent la fable et les
vieilles traditions, au Nord du Caucase, sur les bords
de la Méotide. Hérodote, au milieu du cinquième
siècle avant notre ère, y nomme expressément une
contrée de *Kimmérie*, χώρη Κιμμερίη, d'où partirent
les Kimmériens pour se répandre en Asie-Mineure
devant une invasion de Scythes orientaux qui bientôt après inondèrent la Médie ; il dit que le nom
du premier de ces peuples était resté à une ville près
de la bouche du Palus Mœotis, ainsi qu'à plusieurs
camps retranchés, πορθμεῖα κιμμερικά, dont on voyait
encore les vestiges, et au détroit lui-même appelé le
Bosphore Kimmérien (1). Les voyageurs modernes
ont d'ailleurs trouvé dans les mêmes lieux des restes d'antiques monuments tumulaires, qu'à leur
ressemblance avec les monuments analogues des
contrées celtiques, on a cru pouvoir attribuer
aux anciens Kimris (2). Hécatée de Milet, antérieur de cinquante ans à Hérodote, mentionnait
aussi la ville de *Kimmeris* (3) ; les rapports habi-
tuels des Grecs d'Asie avec les parages orientaux
du Pont-Euxin, où ils avaient fondé de nombreux
établissements coloniaux dès le milieu du sixième
siècle, leur avaient nécessairement procuré des no-

(1) Hérodote, liv. IV, c 11-12.

(2) Voy. Schafarik, *Slaw. Alterth.* I. 516 ; et Dubois de Montpéreux, *Voyage autour du Caucase*, t. IV, p. 328, et pl. xxx de
la 4ᵉ série de l'Atlas.

(3) *Apud* Strab. VII, p. 299 B. Cp. XI, 494.

tions étendues sur les pays et les peuples du Nord du Caucase.

L'irruption simultanée des Kimmériens en Asie-Mineure et des Scythes en Médie, eut lieu, selon le calcul de Volney (1), en l'année 625 avant notre ère. Dans un passage du prophète Ezékhiel qui se rapporte certainement à cette irruption (2), le nom de Gômer est associé à celui de Tôgarmâh, qui représente les peuples de la vallée de l'Araxe, comme nous le verrons bientôt. Cette incursion des Kimmériens au sud du Caucase et en Asie-Mineure ne fut pas d'ailleurs la seule ; les anciens en mentionnent plusieurs autres à partir du commencement du onzième siècle, c'est-à-dire de cent ans environ après la prise de Troie (3). Ils paraissent d'ailleurs avoir formé en diverses parties de la Péninsule des établissements dont nous n'avons pas à nous occuper ici.

Que le *Gômer* de la Genèse et les *Kimmériens* des vieilles traditions helléniques ne soient qu'un seul et même peuple, c'est un point que nous n'avons pas même cru devoir discuter, tant l'identité nous paraît évidente. Il n'y a pas à cet égard deux opinions parmi les critiques.

Tout en effet se rapporte de la manière la plus frappante, le nom, le temps, la position.

(1) *Recherches nouvelles sur l'histoire ancienne*, chronologie des Lydiens, §. 1er.
(2) Ezekh. xxxviii, 6.
(3) Le savant et judicieux Fréret a réuni et discuté tous les

Le nom : Il est absolument identique dans ses éléments constitutifs. On sait que l'hébreu, de même que beaucoup d'autres langues de l'Asie occidentale, n'écrit que les consonnes ; or, le mot Gômer sans voyelles se réduit aux trois lettres GMR, qui peuvent également se prononcer G*a*mr, ou Gh*i*mr, ou Gh*i*m*e*r. C'est absolument le *Kimmer* des Hellènes. Dans un tel système d'écriture, la prononciation des noms propres étant purement traditionnelle, rien de plus aisé, et aussi rien de plus commun, que ces modifications vocales, surtout pour les noms d'une haute antiquité.

Le temps : Il n'y a pas sous ce rapport convenance moins parfaite. Moïse connaît les fils de Gômer aux environs du Caucase seize cents ans au moins avant la naissance de J.-C., et nous voyons par les indications combinées que nous fournissent Hérodote, les anciens témoignages recueillis par Strabon et les vieilles traditions conservées par les tragiques et les mythographes, que les Kimmériens habitaient depuis un temps immémorial les bords de la mer Méotide, lorsqu'ils en furent expulsés par les Scythes vers la fin du septième siècle avant notre ère.

La position : Tout ce qui précède montre assez que ce qu'il y a d'indéterminé dans les indications, moins géographiques qu'ethnographiques, du chapitre X de la Genèse, se complète heureusement

textes anciens dans un mémoire spécial sur les Cimmériens : Mémoires de l'Académie des Inscr. t. XIX, p. 577 sqq.

par les notions précises que nous puisons dans les sources helléniques.

Nous trouvons encore ici un rapport curieux, que nous devons signaler. Tous les anciens peuples des climats méridionaux, par un même enchaînement d'analogies, ont associé l'idée du *Nord* aux idées d'*extrémité* et de *ténèbres*. Les tristes régions situées dans la zone septentrionale du globe, avec leurs sombres frimas, les longues nuits de leurs longs hivers, leurs habitants rudes et barbares, et les épaisses forêts qui les ont si longtemps couvertes, ne pouvaient en effet éveiller chez les peuples du Midi que des idées de tristesse et de mort. Nul n'avait jamais pénétré dans ces contrées maudites, où les forces créatrices de la nature, d'une activité si énergique au sein des climats chauds, semblaient s'affaiblir et s'éteindre : là étaient les dernières limites du monde ; là finissait le domaine de l'astre splendide qui verse à la fois de son inépuisable foyer la lumière, la chaleur et la vie. Cette impression des peuples primitifs, ne la ressentons-nous pas nous-mêmes ? Les régions polaires ne sont-elles pas aujourd'hui pour nous ce qu'étaient alors pour eux les pays septentrionaux que les découvertes modernes nous ont fait connaître ? Il ne faut donc pas nous étonner que cette analogie si naturelle ait partout passé des idées dans les mots. Sans nous arrêter aux exemples que nous pourraient fournir tous les peuples du midi de l'Asie, bornons-nous à ceux qui touchent plus directement à notre sujet actuel, aux

Hébreux et aux Hellènes. Ce n'est pas sans doute
une rencontre fortuite qui fait que chez les Hébreux
le même radical GMR (גמר) signifiait à la fois, diversement prononcé ou légèrement modifié, d'abord
le peuple de Gômer ou de Ghimr, puis l'extrémité,
le point où une chose finit (gâmar), et ce qui est
obscur, ténébreux (כמר, prononcé *Kamar* ou *Ki-
mer*) (1) ; de même que chez les anciens Hellènes le
nom des Kimmériens était devenu synonyme de ténèbres, obscurité. Κεμμερος, dans le lexicographe
Hesychius, a cette signification ; et elle remonte
bien haut, ainsi que l'atteste ce passage d'Homère :
« Nous touchons à l'extrémité du profond Océan.
C'est là que se trouvent et la ville et le peuple des
Kimmériens, enveloppés de nuages et toujours cou-
verts d'une noire obscurité. Jamais le soleil éclatant
ne les éclaire de ses rayons, ni quand il gravit vers
le sommet de la voûte étoilée, ni lorsque du haut
des cieux il se précipite vers la terre. Une éternelle
nuit enveloppe de ses voiles funèbres les malheu-
reux habitants de ces contrées (2). » Nous voici donc
ramenés à notre point de départ, à cette notion,
commune aux habitants du Sud-Ouest de l'Asie et
aux anciens Hellènes, d'un peuple kimmérien relé-

(1) On trouve cette dernière acception dans le livre de Job
(III, 5) ; mais nous devons ajouter qu'elle a été pour les exégètes un objet de controverse. En tout cas, le parallélisme de
gômer et de *gâmar* nous suffit. Ajoutons que le mot hébreu *tsa-
phon*, qui signifie le Nord, est identique, sauf la ponctuation de
la consonne médiane, à *tsaphan*, caché, obscur, ténébreux.

(2) Odyssée, ch. XI, v. 12 et suiv. du texte.

gué aux dernières limites du monde connu vers le Nord.

Nous pourrions, poussant plus loin notre étude et nos rapprochements, suivre maintenant ce peuple Kimmérien du Caucase dans ses dernières migrations vers le Nord-Ouest, et montrer quel lien de parenté le rattache, sous le nom de *Kimbri* (ou *Cimbri*) et de *Kimris* (1), à la grande famille celtique de l'Europe occidentale. Mais ce serait nous écarter du théâtre où notre attention doit maintenant se concentrer ; et d'autres d'ailleurs ont amplement traité de cette parenté ethnologique (2). Nous ajouterons seulement que l'époque déjà si reculée, c'est-à-dire au moins dix-sept cents ans avant notre ère, où la Genèse nous montre les Kimris établis,

(1) C'est-à-dire d'*hommes forts*, de *guerriers*. Tel paraît avoir été le sens primitif de cette appellation nationale dans la langue même des Kimris et dans les idiomes congénères du nord de l'Europe. Voy Fréret, *Mémoire de l'Acad. des Inscr.*, t. XIX, p. 591.

(2) Fréret d'abord, dans le Mémoire précédemment cité ; puis John Pinkerton, dans son Histoire ancienne d'Écosse, *An Inquiry into the History of Scotland*, *preceding the year* 1056, vol. I, p. 202, édit. de 1814 ; et dans sa *Dissertation on the Origin and Progress of the Scythians or Goths*, réimprimée à la suite de cet ouvrage, page 48 (p 74 de la trad. fr.) ; enfin, avec de nouveaux développements, M. Amédée Thierry dans l'introduction de son *Histoire des Gaulois*, dernière édition (1845), t. I, p. lxv et suiv. — Malgré les importants travaux que nous venons de rappeler, il se pourrait bien que le dernier mot ne fût pas dit quant aux rapports originaires et au degré réel de parenté entre les Gaëls et les Kimris ; mais c'est là un sujet dans lequel nous n'avons pas à entrer, au moins quant à présent.

nombreux et puissants, dans la région Caucasienne, nous permet d'apprécier par induction à quelle extrême antiquité doit remonter la première migration Celtique vers l'Ouest, puisqu'il est constant, par l'histoire, par les traditions nationales et par la position respective des établissements Galliques et Kimriques en Europe, que les Galls ou Celtes occidentaux y ont précédé de beaucoup les Kimris.

Ajoutons quelques mots sur un des autres noms marqués dans le Tableau ethnographique de Moïse parmi les fils de Japhet, sur *Tiráz*.

Les commentateurs en ont dit peu de chose; en général, ils se sont accordés à l'identifier avec la *Thrace*. Mais ce rapprochement, qui n'est fondé que sur le rapport des sons, a contre lui de graves difficultés que l'on ne paraît pas avoir remarquées. Le mot *Thrace* ne fut pas dans l'origine un ethnique proprement dit; c'était une désignation purement géographique, employée par les Hellènes d'une manière assez vague pour désigner les contrées montagneuses qui s'étendent entre le fond de l'Égée et le Danube, et qui s'appliqua aussi à d'autres provinces ou à d'autres cantons d'Europe et d'Asie remarquables par la nature âpre et difficile de leur sol (τραχεῖα). L'emploi de cette appellation qualificative, en tant qu'appliquée à la généralité des pays du nord de l'Égée, ne saurait être d'une très-haute antiquité, non plus que toute autre dénomination abstraite d'une grande étendue, quoiqu'on la trouve dans Homère et dans Hésiode; il paraît donc bien peu probable

qu'au dix-huitième ou tout au moins au dix-septième siècle avant notre ère, elle pût être devenue une
des grandes divisions ethnographiques du monde
connu des peuples occidentaux de l'Asie, outre que
la place donnée au nom de Tiráz dans le verset de la
Génèse nous semble se prêter difficilement à une
semblable extension dans l'ouest. S'il nous fallait
proposer une conjecture sur la synonymie de cette
dénomination biblique, nous ne serions pas éloigné
d'y voir cette antique et puissante tribu des *Trérès*
qui appartenait à la nation kimmérienne, et que les
traditions helléniques associaient aux plus anciennes
incursions que les Kimmériens firent en Asie-Mineure
lors de leur établissement près du Caucase (1).

Askhenaz.

Le tableau des peuples japhétides de la région du
Caucase, tel que nous l'a tracé l'auteur de la Genèse, suscite une autre remarque importante à laquelle il ne nous semble pas qu'on se soit suffisamment arrêté. Deux peuples, parmi ceux qui y sont
énumérés, s'y trouvent distingués des autres comme
représentant chacun une race collective : ce sont
ceux de Gômer et de Jâvân. Les autres noms indiquent des peuples particuliers, et ont par conséquent une acception plus restreinte. Nous n'avons
pas à nous occuper de la race de Jâvân, qui nous
paraît représenter les *Iaón* ou Ioniens primitifs,
identiques avec les vieux Pélasghes, et répandus de-

(1) Strabon, lib. I, p. 61, et XIV, 647, etc.

puis un temps immémorial dans une grande partie
de l'Asie-Mineure et dans les pays montagneux qui
entourent l'Égée au Nord et à l'Ouest (1) ; quant à
la race de Gômer, l'écrivain sacré y rattache comme
subdivisions trois ethniques spéciaux, Askhenaz,
Tôgarmâh et Riphât. Les deux premiers représentent certainement les Arméniens et peut-être une
portion de la nation phrygienne ; le troisième, Riphât, pourrait bien, comme nous le verrons tout
à l'heure, comprendre les habitants primitifs des
hautes vallées de la chaîne Caucasienne, c'est-à-dire
ce qu'on nomme aujourd'hui la Géorgie supérieure.
Il se trouve ainsi que ce précieux document ethnographique que nous a laissé Moïse, si exact et si
ponctuel dans les indications générales sur la *filiation* et la *parenté* des plus anciens peuples de l'Asie
antérieure, fait des Arméniens un peuple de souche
kimrique. Quelque étrange que puisse paraître au
premier coup d'œil une telle conclusion, nous la
croyons parfaitement justifiable par l'ensemble des
faits connus sur l'origine des peuples de l'Occident.

Longtemps on a cru que les Arméniens formaient
un groupe absolument isolé des autres populations
asiatiques et européennes (2) ; mais depuis que des
méthodes à la fois plus philosophiques et plus ap-
profondies ont donné aux Klaproth, aux Saint-
Martin, aux Neumann, aux Brosset, des idées

(1) Nous y serons ramenés dans la 3e partie de ce Mémoire.
(2) Voyez le *Mithridates* d'Adelung, Iter Th. 1806, p. 421.

plus étendues et plus justes sur l'idiome arménien (1), on en a parfaitement reconnu la connexion originelle avec l'immense famille de peuples
que Klaproth le premier a proposé de nommer
Hindo-Germaniques, mais que nous appellerions
plus volontiers *Hindo-Celtiques*, afin de réunir
dans une même dénomination les deux membres
extrêmes du groupe. Or, par cela seul qu'il est démontré en ethnologie que la langue des Kimris et
celle des Arméniens appartiennent à une même famille, la tradition biblique trouve déjà dans la
science une première confirmation ; mais nous
pensons qu'à cette confirmation générale on en
peut ajouter une autre plus directe, et qui serre
de plus près les faits soumis à notre appréciation
actuelle.

Cette confirmation spéciale, nous la trouvons précisément dans l'histoire des deux familles d'Askhenaz et de Tôgarmâh.

Il a été bien établi par Bochart et par ceux qui
depuis lui se sont spécialement occupés de la géographie biblique, que le nom d'Askhenaz se rapporte à une portion au moins de l'Arménie, peut-
être aussi à quelques parties de l'Asie-Mineure voisines à la fois de l'Arménie et du Pont-Euxin. Un
passage du prophète Jérémie sert à confirmer sur ce

(1) J. Klaproth, *Asia Polyglotta*, p. 97, 1823; K. Fried.
Neumann, *Versuch einer Geschichte der Armenischen Literatur*.
1836, etc.

point les indications de la Genèse (1). D'ailleurs la
nationalité arménienne d'Askhenaz était constatée,
plusieurs siècles avant notre ère, par les vieilles
chroniques khaldéennes et syriaques, d'où les plus
anciens historiens de l'Arménie, Moïse de Khorène
et Jean Catholicos, tirèrent longtemps après le récit
des origines de leur patrie. Selon ces traditions, l'Arménie avait porté primitivement le nom d'*Askhenaz*, qui fut ensuite remplacé par le nom de *Thorgoma* ou *Tôgarmâh* (2). S'agit-il ici de deux peuples, de deux tribus successivement prédominantes,
ou seulement de deux dynasties successives ? On
verra tout à l'heure que plusieurs rapprochements
donnent une grande force à la seconde hypothèse.

Particulièrement attribuée à l'Arménie par les
écrivains bibliques et leurs commentateurs de toutes les époques, de même que par les traditions
uniformes de l'ancienne histoire asiatique, la dénomination d'*Askhenaz* n'en eut pas moins dès les temps
les plus reculés une beaucoup plus grande extension.
Nous la trouvons à l'ouest chez les Phrygiens des
bords du Sangarius, et jusque chez les Troyens de
l'Hellespont, à une époque pour le moins contemporaine du siècle de la guerre de Troie (3); au delà

(1) Outre Bochart, *Phaleg*, lib. III, c. 9, voyez Saint-Martin,
Mémoires sur l'Arménie, t. I, p. 250.

(2) Jean Catholicos, *Histoire d'Arménie*, trad. par M. Saint-
Martin, ch. 4 et 6.

(3) Voyez notre *Histoire géographique de l'Asie-Mineure ancienne*, p. 175 et suiv. Plus tard, ce fait va s'expliquer complète-
ment pour nous. Ci-après, 3e partie.

du Pont-Euxin, elle fut répandue de temps immémorial parmi les populations de race tudesque, dont les flots remontèrent de bonne heure la vallée du Danube et se répandirent jusqu'à la mer du Nord et au Rhin (1) ; à l'Est, enfin, elle se montre plus tard, non comme une innovation, mais comme une résurrection des vieux souvenirs de la race, chez les Parthes de souche médique dont l'empire surgit tout à coup, au milieu du troisième siècle avant notre ère, dans les pays qui bordent au Sud-Est l'extrémité de la mer Caspienne. Le nom d'Arsacides, sous lequel la dynastie Parthe qui s'insurgea contre les Séleucides est connue des historiens de l'Occident, ce nom, ramené à sa forme véritable telle que nous l'ont conservée les écrivains orientaux, est *aschkán* ou *aschghán* (2) ; et lorsque 149 ans avant J.-C., les Arsacides du Dahistan enlevèrent aussi l'Arménie aux Séleucides et y mirent sur le trône un prince de leur race, il semble qu'ils n'aient fait que revendiquer un titre de famille dont le souvenir se serait perpétué à travers les siècles.

(1) *Ibid.* p. 177.

(2) Deguignes, *Histoire des Huns*, t. I, p. 398 ; Sainte-Croix, Mémoire sur le gouvernement des Parthes, dans les *Mém. de l'Acad des Inscr.*, t. L, p. 59 ; *Moudjmel-Attawarikh*, extrait par M. Quatremère, dans le *Nouv. Journ. Asiat.* 3ᵉ série, t. VII, 1839, p. 268. Flavius Joseph, l'historien des Juifs, connaissait cette appellation dynastique des rois parthes (*Antiquitates Judaicæ*, lib. I, c. 6), comme l'a fait remarquer avant nous M. le comte Jean Potocki, dans son *Histoire primitive des peuples de la Russie* (p. 257 de l'édition Klapr.).

Une observation qu'il importe de ne pas omettre, c'est que chez les Parthes, de même que chez les anciens Phrygiens, chez les Troyens et chez les Teutons, le nom d'*Askhân* se montre non comme une appellation de peuple ou de pays, mais comme un titre de race royale. Askhanios, dans Homère, est le nom de l'un des deux chefs sous lequel les Phrygiens sont venus au secours de Priam, de même que dans la Troade le nom d'Ascanius, immortalisé par les vers touchants de Virgile, est le fils des rois, peut-être le chef d'une nouvelle lignée (1), et que dans les vieux chants saxons Askhan est le premier chef, le héros traditionnel de la tribu. Nous ignorons s'il en fut ainsi chez les Arméniens ; le récit des chroniques tel que nous l'a transmis Jean Catholicos, si l'on pouvait s'y attacher à autre chose qu'au fait même de la présence du nom d'Askhenaz au fond des plus antiques souvenirs du pays, porterait à le penser. « Vous savez, dit l'historien, que *la souveraineté* de notre pays a d'abord porté le nom d'Ascénez (2). » Ajoutons néanmoins qu'Homère donne positivement le nom d'*Askanie* à la contrée

(1) Nous avons rappelé ailleurs que si d'anciennes traditions faisaient aborder Ascanius en Italie avec son père Énée, après la ruine d'Ilium, d'autres versions historiques le faisaient régner, lui et ses descendants, pendant une longue suite de générations, dans les pays qui avaient fait partie du royaume de Troie. Voy. au t. 1 de notre Histoire géographique de l'Asie-Mineure, p. 176.

(2) Jean Catholicos, *Histoire d'Arménie*, traduit par M. de Saint-Martin, ch. 7.

d'où venaient les Phrygiens (1), et que le caractère général du tableau tracé par Moïse dans le dixième chapitre de la Genèse conduit nécessairement par analogie à y attribuer au nom d'*Askhenaz* une valeur ethnologique, outre ce que disaient aussi les vieilles chroniques khaldéennes, que ce nom avait été primitivement celui de l'Arménie et des Arméniens. Faut-il voir, sous ces indications de nature et de sources diverses, la présence d'une ancienne tribu dominatrice, devenue à la fois un nom de dynastie et un nom de race ? C'est ce que nous ne saurions dire. Nous ne saurions prétendre ramener à une exposition suivie ces lambeaux d'histoire primitive recueillis çà et là dans les souvenirs incomplets des temps postérieurs ; il nous suffit d'y entrevoir un certain enchaînement, un certain accord général, qui nous permet encore d'en deviner, sinon d'en restituer l'ordonnance primordiale.

Ces rapports originaires d'appellations nationales, quelle qu'en ait été d'ailleurs la nature précise, entre des peuples qui nous apparaissent plus tard séparés par d'immenses intervalles et absolument isolés les uns des autres, s'appuient au surplus sur d'autres rapports d'une nature plus intime, que les anciens n'ont pas soupçonnés, mais que les travaux de la philologie moderne ont mis en évidence. Ainsi, l'on ne saurait s'étonner de retrouver des traditions communes entre les Parthes de la mer Caspienne et

(1) Iliad., lib. II, v. 862.

les Teutons de la Germanie, de même qu'on retrouve entre eux une foule d'institutions et d'usages
communs, quand on sait que le fond dominant de
la nation parthe se composait de *Dahes* ou *Dakhes*,
et que les *Dakhes*, par la langue comme par le nom,
ne font qu'un seul et même peuple avec les *Dakes*
du bas Danube, et les *Deutch* ou *Teutons* de la
Germanie centrale (1) ; et l'on ne peut s'étonner non
plus de rencontrer des rapports de même nature entre les Arméniens et les Phrygiens, aussi bien qu'entre les Phrygiens et les Troyens, quand, d'une part,
une tradition ancienne qu'Hérodote nous a conservée (2), donnait aux Phrygiens et aux Arméniens

---

(1) A cette chaîne d'homonymies, il faut encore rattacher
non-seulement les *Tokhari*, peuple montagnard rencontré par
Alexandre dans ses marches vers l'extrémité S.-E. de la Bactriane, mais aussi les *Tadjiks*, ou persans proprement dits de la
Perse et du Turkestan. On sait quelle étroite connexion unit
entre eux le persan et l'allemand. Notre transcription vicieuse
de l'ancien grec nous déguise d'ailleurs l'identité du nom des
Parthes, Πάρθοι, nom que les Grecs prononçaient *Partçoi* (mot
identique à celui de *Partçi*), avec celui des Perses ou *Parsis*.
Les Grecs postérieurs à Hérodote écrivirent Παρθυαῖοι. Cette orthographe paraît avoir reproduit une forme réellement nationale;
car M. Ch. Lassen a lu le nom de ce peuple *Partzava* dans les anciennes inscriptions cunéiformes de Persépolis. *Die Altper is-*
chen Keilinschriften von Persepolis.... Bonn, 1836, in-8°, p. 102.
— M. Saint-Martin, cet homme d'un savoir si vaste et si sûr,
avait entrepris sur cette partie importante des origines de l'Europe un grand travail que par malheur la mort ne lui a pas
permis d'achever. Voyez son Discours sur l'origine et l'histoire
des Arsacides, dans le *Journal Asiatique*, t. I, 1822, p. 65. Comp.
Klaproth, *Tableaux historiques de l'Asie*, 1826, p. 42.

(2) Hérodot. lib. VIII, c. 73. Il faut comparer l'article Ἀρμενία

une commune origine, notion que tout ce que nous savons de la langue phrygienne tend à confirmer de plus en plus, et que d'autre part une foule de circonstances et d'indices que l'on peut recueillir dans les plus anciens auteurs grecs nous montrent de nombreux rapports originaires entre toutes les tribus thraciques établies dans le Nord-Ouest de l'Asie-Mineure sous les noms divers de Brughès ou Phrygiens, de Dardaniens, de Teukriens, de Mysiens, etc. La Thrace, d'où ces tribus étaient parties pour venir chercher en Asie, à travers le Bosphore ou l'Hellespont, un ciel plus doux et des terres plus riches que ne leur en offraient les âpres vallées du Rhodope et de l'Hémus, la Thrace fut de très-bonne heure comme un centre où vinrent s'abattre les essaims nomades que l'Asie versait incessamment sur l'Europe, et d'où ces innombrables tribus, sœurs d'origine pour la plupart, mais différenciées par une longue séparation, rayonnaient ensuite dans toutes les directions, celles-ci à l'ouest et au nord-ouest vers le haut Danube et les diverses contrées de l'Europe, celles-là au sud vers les bords riants de l'Égée et la longue presqu'île Hellénique, d'autres au sud-est vers la Propontide et l'Asie-Mineure. En général, nous voyons s'établir dès les siècles les plus reculés un mouvement continu, nous dirions presque un courant de populations nomades

du Dictionnaire Géographique d'Étienne de Byzance. Voyez aussi J. Potocki, *Histoire primitive des peuples de la Russie*, p. 254 de l'édit. Klapr.

au pourtour du Pont-Euxin, surtout du côté du
Nord ; ce fut ainsi que de nombreuses tribus, parties des environs du Caucase, vinrent finalement
s'établir au pourtour de l'Égée, apportant avec elles
dans leur nouvelle patrie, des souvenirs ou des traditions de leurs premières demeures.

« Un mouvement de populations analogue, en rapport avec le précédent, avait lieu aussi autour de la
mer Caspienne. La plus grande partie des tribus
blondes, qui à des époques diverses et sous des
noms différents s'écoulèrent des plaines centrales de
l'Asie vers l'Occident, soit isolément, soit en mas-
ses confédérées, prirent la route du Nord par les
vastes steppes de l'Oural et du Tanaïs ; mais beaucoup aussi paraissent avoir pénétré par le Mazandéran vers les hautes plaines du plateau arménien,
et jusqu'aux chaudes régions qu'arrose l'Euphrate. »
Indépendamment des indices traditionnels où s'est
conservée la trace de ces antiques immigrations,
elles nous sont attestées par une foule d'homonymies géographiques qui forment comme une ceinture
au Midi de la Caspienne, depuis le fond de la Méditerranée et du Pont Euxin jusqu'à la région de l'Oxus.
Il y avait des *Dakhes* établis depuis une époque
inconnue dans le Nord-Ouest de l'Arménie, vers
les confins de la Colchide. Xénophon, qui les trouva dans cette contrée à la fin du cinquième siècle
avant notre ère, les désigne sous le nom de *Tao-
khi* (1), et ce nom s'est conservé dans celui de *Daïkh*

(1) Xénophon, *Anab.*, lib. IV et V. Comp. Steph. Byz. v.
Τάοχοι.

que les anciens géographes arméniens donnent au district actuel d'Akhaltzikhé (1). Ammien Marcellin, au quatrième siècle de notre ère, nomme expressément les *Dahi* parmi les peuplades voisines de l'angle Sud-Est du Pont-Euxin (2). On se rend ainsi aisément compte des rapports que l'on découvre entre les origines arméniennes et celles des contrées parthiques. Il faut aussi remarquer, quant à l'origine du nom d'*Askhan* chez les Parthes (3), que leurs propres traditions, s'il en faut croire les auteurs grecs qu'avait consultés Strabon, plaçaient le point de départ de ce titre royal chez les Dahes voisins du Palus Mœotis (4), tradition qui s'accorde parfaitement avec un passage du commentaire de saint Ephrem sur Isaïe, dans lequel cet écrivain syriaque du quatrième siècle identifie l'Askenaz du prophète « avec les barbares issus des géants qui habitent la terre septentrionale (5); » aussi bien qu'avec l'opinion dominante chez les anciens interprètes grecs de l'Ecriture et chez beau-

(1) Saint-Martin, *Mémoires sur l'Arménie*, t. I, p. 76.

(2) Amm. Marcell. lib. XXII, c. 8.

(3) Nous savons que chez les historiens grecs ce nom est toujours écrit *Arsak*. Les formes intermédiaires d'*Arskhan*, *Arsekhan*, ou *Arsakhan*, en quelque sorte sollicitées par la prononciation, nous rendent raison de l'altération finale, *Arsak*, qui paraît au premier coup d'œil si éloignée de la forme primitive.

(4) Strabon, lib. XI, p. 515 C., édit. Casaub.

(5) Saint Ephrem, cité par M. Saint-Martin, dans ses *Mémoires sur l'Arménie*, t. I, p. 255. M. Saint-Martin donne à ce passage une interprétation historique selon nous trop restreinte.

4

coup d'auteurs syriens et arméniens des premiers siècles de notre ère, qui faisaient d'Askhenaz le père
des Sarmates, c'est-à-dire des populations errantes
du nord du Caucase (1). A une époque beaucoup
plus rapprochée de nous, au milieu du sixième
siècle, l'histoire nous cite encore le nom d'*Askhán*, cette fois sous sa forme véritable (2), comme
appartenant au chef d'une de ces tribus daciques
du nord de la mer Caspienne connues des Grecs de
Constantinople sous la dénomination de Massagètes.
Ainsi l'antique appellation royale s'était perpétuée
chez ces tribus nomades auxquelles les Arsacides
de la Bactriane eux-mêmes en rapportaient l'o-
rigine.

x Nous voici donc ramenés, après avoir parcouru le
cercle des traditions antiques qui se rattachent au
nom d'Askhenaz, aux lieux que désigne Moïse
comme le premier point de départ de cette dénomination des temps primitifs, c'est-à-dire aux anciennes demeures des Kimris dans les plaines qui bordent le pied du Caucase du côté du Nord, entre la
Caspienne et le Palus Mœotis. Mais ici une difficulté
se présente qui frappera sans doute tous les esprits.
Si le nom d'*Askhenaz* appartient, comme le montre
tout ce qui précède, à des peuples blonds de souche
dacique ou tudesque, comment concilier cette don-

(1) Voyez notamment Jean Catholicos, *Hist. d'Arm.*, ch. 6.
Aschanaz, *gentes Gothicæ*, dit Eusèbe dans sa Chronique; lib. I,
p. 8, édit. Scalig. 1606, in-fol. Comp. p. 238 de l'Eusèbe arménien, traduit par J. Zohrab, Mediolani, 1818, gr. in-4°.

(2) Ἀσχάν. Procop. B. P. I, 13.

née avec celle de la Genèse, qui le rapporterait originairement à des populations kimriques? Personne
n'ignore que les Kimris sont une branche de la race
celtique : du moins le nom de *Cumri* que les Gaëls
de l'Angleterre se donnent à eux-mêmes, celui de
Kumraeg ou kimrique qu'ils donnent à leur langue,
et la filiation incontestablement celte du peu de
mots que citent les anciens comme appartenant à la
langue des Cimbres, conduisent naturellement à
cette conclusion (1). Or, les Celtes et les Teutons
forment deux classes de peuples trop profondément
séparées par la langue, les mœurs, le culte et les
traditions, non moins que par leurs habitations respectives, pour que l'on puisse, ce semble, attribuer
à l'une ce que l'antiquité rapporte à l'autre.

Cette difficulté, néanmoins, pourrait bien être
plus apparente que réelle. Sans contester aucune
des données historiques et philologiques sur lesquelles la critique moderne s'est appuyée pour établir la parenté celtique des Kimris, et tout en admettant pleinement cette parenté à l'appui de laquelle nous pourrions produire encore de nouveaux
faits, nous croyons cependant qu'il faut se garder de

---

(1) Voyez, outre Pinkerton, *a Dissertation on the Origin and
Progress of the Scythians or Goths*, p. 50 et suiv., édit. de 1814,
Adolphe Pictet, Lettres sur l'affinité des langues celtiques avec
le sanscrit, dans le *Nouv. Journ. Asiat.*, t. I de la 3e série, 1836,
p. 273; Prichard, *Researches into the Physical History of Mankind*, vol. III, 1844, p. 98; et surtout Amédée Thierry, dans
l'introduction de la 3e édition de son *Histoire des Gaulois*, 1845,
p. lxv sqq. et p. xciv.

prendre cette indication ethnologique dans un sens trop absolu. Nous ne rappellerons pas que beaucoup d'auteurs classiques, César, Tacite, Pline, Strabon et d'autres encore, ont parlé des Cimbres comme d'une nation germanique : les anciens sont des juges trop peu compétents dans les questions d'ethnologie, pour que leur *opinion* seule, lorsqu'elle n'est pas appuyée sur des *faits* que nous puissions apprécier, y soit de quelque poids ; et d'ailleurs cette circonstance seule que les Cimbres habitaient, à l'Est du Rhin, un pays compris dans la Germanie, suffisait pour les faire ranger parmi les peuples germains. Mais il faut remarquer que les Kimris, si, comme nous le croyons, ils étaient foncièrement Celtes, au moins par la langue, formaient dans la grande famille celtique une branche bien distincte des Galls ou Celtes proprement dits, fixés à l'Ouest du Rhin jusqu'à l'Océan depuis un temps antérieur à toute chronologie. La séparation de ces deux branches, nous l'avons déjà dit, remonte à une époque inconnue, mais sans nul doute antérieure au dix-septième siècle avant notre ère, alors que les documents sur lesquels se fonde le tableau ethnographique du dixième chapitre de la Genèse, d'accord avec les plus anciennes traditions pélasgiques de l'Hellade, nous montrent Gômer, ou les Kimris, établi au nord du Caucase vers la mer Méotide. Les Kimris habitaient donc cette contrée depuis mille ans au moins, depuis beaucoup plus longtemps peut-être, quand ils en furent expulsés, au septième siècle avant notre ère, par une nouvelle inondation de peuples nomades venus de l'intérieur de l'Asie par le nord de la Caspienne, peuples qu'Hérodote désigne sous le nom de Scythes, et qu'abandonnant leurs demeures de la région du Caucase ils s'enfoncèrent plus loin au Nord-Ouest vers le cœur de l'Europe et les bords de la Baltique, pendant qu'une troupe détachée du gros de l'émigration suivait la côte orientale du Pont-Euxin et venait en Asie-Mineure dévaster le royaume de Lydie (1).

Ce long séjour des Kimris en contact avec les populations daciques répandues de toute antiquité au pourtour septentrional du Pont-Euxin, expliquerait comment ils auraient contracté cette physionomie à demi tudesque qui paraît les avoir caractérisés dans les temps historiques, ainsi que les Belges leurs frères. On conçoit d'ailleurs que mille circonstances ignorées ont pu favoriser cette assimilation, et créer ainsi une race mixte où se seront nationalisées les croyances, les habitudes et les traditions particulières de chacun des deux éléments. Enfin, tout ne nous indique-t-il pas que dans les temps où nous reporte le document biblique, il exista au nord du Caucase une de ces confédérations si communes dans l'histoire de toutes les nations non sédentaires

(1) Hérodote n'a connu que cette dernière émigration des Kimmériens fuyant devant les Scythes; mais l'émigration simultanée par laquelle le gros de la nation dut se porter vers la Baltique a été établie sur des inductions difficilement contestables par Pinkerton et par M. Amédée Thierry.

de l'Asie et de l'ancienne Europe, —confédérations
temporaires formées par la conquête et maintenues
par la force, où l'on voit figurer des tribus différentes de langue et d'origine, et qui reçoit son nom
du peuple dominateur? Les Kimris, en effet, Hérodote nous l'atteste, avaient, dès les temps les plus
reculés, rempli les contrées du Nord du renom de
leur puissance, et ce n'est qu'aux peuples conqué-
rants que cette renommée s'attache (1). Il est donc
très-possible, pour ne pas dire très-probable, que
le nom de *Gómer*, dans le dixième chapitre de la
Genèse, embrasse les tribus daciques ou tudesques
aussi bien que les tribus kimriques des environs immédiats du Pont-Euxin, et les documents résumés
par Moïse dans son tableau ethnographique ont pu
ainsi faire remonter aux Kimris cette appellation
d'*Askhenaz*, bien qu'elle appartienne spécialement aux peuples de la famille teutonique. Nous
ne serions pas non plus éloignés de penser que
les Celtes orientaux, du temps de leur puissance,
auraient porté au sud de la chaîne Caucasienne leurs
armes et leur domination, et que l'Arménie serait
ainsi effectivement devenue, à cette époque reculée, un champ d'établissements kimriques.

Tógarmáh.

Ce fait d'établissements kimriques en Arménie
est pour nous quelque chose de plus qu'une simple

(1) Guerrier, homme fort, telle est, nous l'avons vu, la signification probable du nom des Cimbres.

conjecture ; si les témoignages directs de l'histoire n'atteignent pas à cette haute antiquité, la langue arménienne elle-même en produit un dont on ne contestera pas la valeur, par le grand nombre de mots et de racines galliques et kimriques que l'on y a reconnues (1). Sans doute, comme nous l'avons fait observer, la fraternité originaire de toutes les langues du groupe hindo-celtique peut rendre compte jusqu'à un certain point des similitudes de cette nature qui s'y rencontrent d'idiome à idiome, sans qu'il soit nécessaire de recourir à la supposition de rapports directs ; mais ces rapports deviennent très-probables, quand des similitudes particulières se rencontrent entre deux langues dont les développements respectifs ont eu pour théâtre des contrées aussi distantes que le sont entre elles l'extrémité occidentale de l'Europe et la région du Caucase. Il y a donc ici encore une remarquable concordance entre les faits qui rentrent sous notre appréciation immédiate, et la notion biblique qui

_____

(1) Voyez J. L von Parrot, *Versuch über Liwen, Lœtten, Eesten*, p. 174, et Erlauter. XXXII. Pour les autres langues de la région du Caucase, dans lesquelles M. Parrot reconnaît aussi un très-grand nombre de racines celtiques, add. p. 165 et suiv., et nos XXV à XXXI des éclaircissements. Nous ne citons pourtant cet ouvrage qu'avec réserve, parce que l'auteur y a beaucoup plus suivi les errements de l'ancienne école étymologique, que la méthode sévère de la philologie actuelle. Toutefois, même en ne tenant aucun compte des rapprochements hasardés ou douteux, il en reste encore assez d'indubitables pour justifier nos conclusions.

rattache Gômer à Tôgarmâh par une filiation directe.

Quant à l'application même du nom de *Tôgarmâh* à l'Arménie, elle ne saurait être l'objet du
moindre doute (1). Une tradition immémoriale des
pays du haut Euphrate, consignée dans les plus
anciennes chroniques khaldéennes d'où les historiens arméniens tirèrent plus tard les origines de
leur pays, appliquait le nom de *Thourgoûm* aux régions montagneuses qu'arrose l'Araxe. L'Arménie,
selon ces traditions, avait pris ce nom après qu'elle
eut cessé de porter celui d'Ascénez ou Askhenaz (2).

(1) Dans le livre des Prophéties d'Ezékhiel, où le nom de
Tôgormâh reparaît (XXVII, 14; Cp. XXXVIII, 6), il est cité
conjointement avec ceux de Meschekh et de Toubâl, c'est-à-
dire avec les peuples de la vallée du Kour ou de la Géorgie actuelle, contigus à l'Arménie.

(2) Moïse de Khorèn, *Histoire d'Arménie*, trad. fr., liv. I,
ch. 9; Jean Catholicos, *Histoire d'Arménie*, trad. fr. de M. Saint-
Martin, ch. 1 à 8. Nous ne saurions partager l'opinion de M. St-
Martin (*Mémoires sur l'Arménie*, t. I, p. 257), qui pense que
la tradition de Thargamos ne pénétra en Arménie que lorsque la Bible fut traduite en arménien après l'introduction du
christianisme; cette tradition se trouvait évidemment consignée
dans la Chronique Syrienne de Mar-Ibas Kadina, écrite au milieu
du second siècle avant J.-C., et Mar-Ibas l'avait lui-même tirée
de livres khaldéens plus anciens. La forme qu'y ont revêtue les
noms des patriarches auxquels on faisait remonter les origines
de l'Arménie et du Caucase, forme sous laquelle les noms donnés par la Genèse sont d'ailleurs très-reconnaissables, est précisément, à notre avis, un très-fort indice de l'existence populaire
de ces traditions, soit orales, soit écrites, indépendamment du
document biblique (Comp. Moïse de Khorèn, liv. I, ch 6). Ne
perdons pas de vue que Moïse lui-même, dans la partie histo-

Cette tradition est commune aux Arméniens et aux Géorgiens, soit que ceux-ci l'aient reçue avec le christianisme au quatrième siècle de notre ère, soit qu'antérieurement elle existât chez eux de même que chez leurs voisins du Sud ; la seule appellation générique dont les Arméniens et les Géorgiens se servent pour se désigner collectivement est celle de *Thargamosiani*, quoique les Arméniens, lorsqu'ils parlent d'eux-mêmes, emploient plus habituellement le nom de *Haïasdani*, que l'on rapporte à Haïg, fils de Thorgomah (1).

Le nom d'*Arménie* n'est pas dans la Genèse ; mais l'étymologie de ce nom n'en est pas moins de dérivation hébraïque. *Aram* est proprement le *Haut-pays* (2) ; et sous cette appellation les Sémites désignèrent de toute antiquité les contrées montagneuses qui s'élèvent au-dessus des plaines Mésopotamiennes, ainsi que le nord de la Syrie. C'était une dénomination sans limites déterminées, et c'est aussi avec ce caractère qu'elle se présente, sous le nom d'*Arîm*, dans les plus anciens monuments de la littérature hellénique, vaguement appliquée aux contrées qui terminaient à l'Orient la péninsule

rique de la Genèse, n'a fait que consigner des traditions antérieures sans doute communes à toute la race de Sem, et que par conséquent ces traditions sont passées des pays de l'Euphrate dans la Bible, non de la Bible dans le domaine populaire.

(1) Saint-Martin, Mémoire sur l'origine des différents noms de l'Arménie, dans ses *Mémoires sur l'Arménie*, t. I, p. 205.

(2) ארם ARM, du radical רם RM, élevé.

comprise entre le Pont-Euxin et la Méditerranée (1). Les Arméniens disent eux-mêmes que le nom d'*Arménie* leur est étranger, et qu'il leur a été donné par leurs voisins (2).

Riphat.

Le nom du troisième fils de Gômer dans le tableau ethnologique de la Genèse, *Riphat*, nous semble désigner, avons-nous dit précédemment, les montagnards mêmes du Caucase, c'est-à-dire les habitants à demi-sauvages des plus hautes vallées de la Géorgie actuelle et de l'Albanie : voici sur quoi nous nous fondons.

Ce nom de *Riphat* n'est pas seulement cité dans la Genèse : on le trouve également, sous des formes à peine modifiées, dans les plus vieilles traditions de la race hellénique, dans l'ancienne géographie de l'Orient, dans la géographie classique, et même dans la géographie actuelle. La comparaison de ces notions diverses fixe d'une manière précise la valeur du mot, et nous permet de déterminer avec plus de certitude le sens qu'il convient de lui attribuer dans la Bible.

On le trouve dans le vieux poëme orphique de l'expédition des Argonautes, qui résume pour nous, au moins dans leurs traits essentiels, les plus an-

(1) Voyez le T. 1er de notre *Histoire Géographique de l'Asie-Mineure*, p. 183.

(2) Jean Catholicos, *Histoire d'Arménie*, ch. 8; Moïse de Khorèn trad. fr. liv. I, ch. 12.

ciennes notions des Hellènes sur la région du Caucase (1) ; on le trouve aussi dans un des fragments
du poëte Alkman, qui vivait à Sparte vers le milieu
du septième siècle avant J.-C. (2). Le mot est écrit
Rhipaï, Ῥιπαῖος, ou bien, au pluriel, *Rhipaïa* ; et
cette orthographe s'est invariablement conservée de
siècle en siècle dans tous les auteurs grecs subsé-
quents. Les latins ont écrit de même *Rhipæi*, quoique plus fréquemment *Riphæi montes*. Au reste,
ni la géographie poétique des premiers âges, ni
même la géographie positive des siècles classiques,
n'ont fait du nom de monts Rhipées une application
précise (3). Chez les Grecs et chez les Latins, cette
dénomination ne réveilla jamais que l'idée vague de
montagnes glacées perdues dans les obscures régions
du Nord. Seulement, l'application se déplaçant à
mesure que s'agrandissait le cercle des connaissances réelles, on peut y reconnaître selon les temps
d'abord une partie même des monts Caucase (4),
puis, quelque vague notion de la chaîne Ouralienne, et peut-être aussi des monts Altaï, dans le
cœur de l'Asie (5) ; ou bien, en se reportant à

(1) Orphei *Argonautica*, v. 1121 , édit. Gesn.
(2) Welcker , *Fragmenta Alcm.* , p. 80.
(3) Vid. Strab. lib. VII, p. 299 B, Casaub.
(4) Comme dans le vers cité des Argonautiques d'Orphée.
(5) Hippocrate, *de l'Air, des Eaux et des Lieux*, § 95, édit. Mercy;
Aristote, *Météor.*, lib. I, t. I, p 336 C, edit. 1590; Damastès, dans
Steph. Byzant. au mot Ὑπερβόρεοι; Agathemere, c. 9, p. 233, edit.
Gronov.; Pompon. Mela, lib. I, c. 19; Pline, lib. IV, c. 24, et
lib. VI, c. 5 et 14, ed. Hard ; Ptolem. lib. III, c. 5.

l'Ouest, le groupe colossal des Alpes, au dessus de l'Italie (1), et très-probablement aussi la vaste courbe des monts Karpathes, entre le Danube et les mers du Nord.

Ce dernier rapprochement est d'autant mieux fondé, que le nom même des *Karpathes*, ou plus correctement *Krapathes* ou *Krapaks*, n'est pas au fond autre chose que le *Rhipaia* des anciens Grecs et le *Riphat* des Hébreux, sous un vêtement plus rapproché de son vrai costume national ; c'est en effet une appellation purement slave, dérivée de *chr'b* ou *chrib*, crête, montagne, qui se retrouve dans tous les dialectes de cette grande famille du groupe hindo-celtique (2). Les Russes l'emploient pour désigner les grandes chaînes de montagnes, sous la forme de Chrebet, que l'on peut dire identique aux formes anciennes, surtout au Riphat sémitique : Ouralskoï-Chrebet, Iablonoï Chrebet, Kamtschat-

(1) Protarchus, dans Étienne de Byzance, au mot Ὑπερϐόρεοι ; Eschyle, cité par le Scoliaste d'Apollonius de Rhodes, ad lib. IV, 286 : τὸν Ἴστρόν φησὶν ἐκ τῶν Ὑπερϐορέων καταφέρεσθαι, καὶ τῶν Ῥιπαίων ὀρῶν, « On dit que l'Ister (le Danube) descend des monts Hyperboréens et des monts Rhipées ; » Hellanicus, dans les *Fragm. Histor. Græc.* de Müller, Biblioth des Aut. Gr. de MM. Didot, p. 58 ; Apollonius Rhod. *Argon.* lib. IV, 286, ed. Dübner ; *ibid.*

(2) L'aspiration qui commence le mot slave est représentée dans le grec par l'esprit rude de ῥιπ-αία, imprononçable pour nous, français, et que dans la transcription écrite nous rendons par *rh*. Remarquons aussi que la finale dure du nom slave *Krapat* se retrouve dans la transcription hébraïque ריפת *Riphat*. Comp. l'allemand *riff*, et l'anglais *reef*, rocher, récif.

skoï Chrebet, Stanovoï-Chrébet, c'est-à-dire, la chaîne des monts Oural, des monts Iablonoï, des montagnes du Kamtschatka, etc.

Il est donc de toute évidence que *Riphat*, « fils de Gômer, » n'est dans la Genèse qu'une appellation générique empruntée à un des idiomes de la famille Hindo-Celtique, pour désigner des montagnards kimris : les notions que nous fournissent les écrivains grecs, d'une part, et d'autre part l'emploi habituel du même mot chez les peuples slaves et la signification qu'il y a toujours eue, complètent et précisent ce que l'indication du document biblique pouvait avoir de vague et d'insuffisant au point de vue géographique. Le *Riphat* de Moïse a exactement la même valeur ethnologique, ou plutôt c'est le même mot pour la forme et la signification, que l'ethnique slave *Chrobat* ou *Chrovat*, qui dans son acception originelle désigne seulement des *Montagnards* en général, mais que l'histoire a appliqué d'une manière spéciale à quelques peuplades des hautes vallées des Karpathes et des montagnes de l'Illyrie (1). Les *Rhibiens* de Ptolémée, Ῥίβιοι, peu-

(1) On trouve les *Khróbates* de l'Illyrie mentionnés pour la première fois dans les historiens du Bas-Empire. Ce sont les *Croates* actuels, qui ont donné leur nom à une grande province aujourd'hui comprise dans l'empire d'Autriche. C'est au même radical slave *chr'b*, montagne, que par une autre forme de dérivation se rattache aussi le nom des *Serbes* ou *Serviens*, qui dans l'origine ne signifiait également que *montagnards*. On sait que les Serbes sont une des grandes divisions du rameau slave, et l'antiquité classique connut un peuple de ce nom, Σίρβοι ou

ple des environs du haut Oxus (1), ne sont aussi, selon toute apparence, que le même ethnique plus rapproché, comme le nom des *Rhipéens*, du radical *ch'rib*. On sait que dans la précieuse nomenclature de peuples et de tribus que les anciens géographes, surtout Strabon et Ptolémée, nous ont transmise pour cette région de plaines qui s'étend à l'orient de la mer Caspienne, toutes les grandes nations de l'ancienne Europe, Celtes, Teutons, Pélasghes, Goths, Thraces et Sarmates, trouvent leur contingent de synonymies : c'est que toutes, en effet, quelles que soient les époques de leurs migrations vers l'Ouest, paraissent être également parties des contrées trans-oxianes qui bordent le Nord de l'Iran, et que toutes y laissèrent après elles des représentants de leur nom. Les monts *Sariphi* que Ptolémée nous fait connaître vers le S. E. de la mer Caspienne, sur les confins de la Margiane et de l'Asie, viennent encore se ranger autour du même radical *ch'rib*, dont l'aspiration initiale a été ici exprimée par une lettre sifflante suivie d'une voyelle servile. Les mots, comme les choses, ont leurs fluctuations et leur histoire, qui se rattache par mille points de contact aux parties les plus intimes de l'histoire de l'humanité (2).

Serbi, dans la région du Caucase (Ptolem. *Geogr.* V, 9; Plin. VI, 7). Voy. Schafarik, *Slaw. Altherth.* deutsch übers. Bd. I, p. 214 et 488.

(1) Lib VI, c. 14.

(2) M. Eugène Burnouf (*Commentaire sur le Yaçna*, p. 436) a cru retrouver l'origine du nom des monts *Sariphi* dans le mot

Que le mot *Riphat*, dans le tableau ethnographique de Moïse, désigne des *montagnards* demeu-

zend *erezifyât*, qui exprime l'idée d'escarpement. L'analogie intime du mot *sariph* avec le terme slave qui exprime une montagne, *ch'rib*, nous indique sans doute une dérivation plus immédiate; et le mot slave lui-même, aussi bien que le mot zend
arezifyât, dont nous n'avons très-probablement ici qu'une forme
composée sous laquelle s'enveloppe le radical, nous paraît devoir se rattacher au primitif commun *ghiri* ou *gaïi*, mots que
le zend et le sanskrit emploient pour exprimer l'idée de *montagne*, et qui se retrouvent, modifiés à l'infini, non-seulement
dans toutes les langues du groupe hindo-celtique, mais aussi
dans des idiomes géographiquement voisins appartenant à d'autres familles, notamment dans l'hébreu *har* exprimé par l'articu-
lation R précédée d'une forte aspiration, — HR, הַר. Nous nous
écarterions de notre sujet si nous entrions dans de plus longs
développements sur un thème qui en comporterait de fort étendus. De plus savants que nous sauront bien y suppléer. Nous
nous bornerons à faire remarquer que la forme zende *erezifyât*
trouve son analogue dans le grec ῥίπτω et dans les différents
temps de sa conjugaison; ce verbe exprimant l'action de jeter,
de précipiter de haut en bas, et emportant ainsi pareillement
l'idée d'un lieu escarpé. Nous ajouterons enfin, parce que ces
remarques tendent à éclaircir l'histoire des migrations primitives
des peuples, et que dans ces sortes de recherches, où si peu de
jalons marquent la route, elles sont le principal fil conducteur,
qu'à l'époque où la famille Pélasgique vint s'établir dans la longue péninsule qu'enveloppent l'Égée et la mer Ionienne, elle ap-
portait certainement avec elle l'usage du mot *ch'rib* tel qu'il s'est
conservé chez les populations du rameau slave. Non-seulement
le latin *rupes* retrouve ici ses titres de famille; mais les Pélasghes
de la primitive Ionie du Péloponèse avaient une ville de *Rhypaï*,
dont la situation *escarpée*, qui donne la raison de son nom, est
assez indiquée par l'épithète de κεραυνία que lui appliquait Eschyle (ap. Strab. lib. VIII, p. 387 Casaub. Comp. Pouqueville,
Voyage de la Grèce, t. IV, p. 403); et le nom des monts *Khromi*,

rant dans une contrée du Nord, c'est, nous le répétons, ce qui nous paraît résulter évidemment de tout ce qui précède ; que ces montagnards fussent de souche *kimrique*, c'est aussi ce que l'écrivain sacré nous fait positivement connaître en les rattachant à Gômer par une filiation directe ; enfin, que la chaîne même du *Caucase* fût le lieu de leur habitation, c'est ce que nous paraît exiger la loi de continuité si exactement observée par Moïse dans son énumération ethnographique du dixième chapitre de la Genèse. Les deux autres peuples qui y sont donnés pour issus de Gômer, sont en effet concentrés, ainsi que Gômer lui-même, où les Kimris, dans l'étendue de la région Caucasienne ; et pour trouver d'autres Riphées en dehors de cette région, il faudrait nous écarter considérablement des lieux où les indications bibliques nous retiennent.

Mágog.

Le nom de *Mágog* va nous en éloigner. De toutes les dénominations contenues dans le tableau ethnographique de Moïse, celle-ci est la seule peut-être qui n'ait jamais eu un sens précis et déterminé. Aussi est-ce sur le nom de Mágog que les commentateurs de toutes les époques ont proposé les interprétations les plus nombreuses et les plus diverses. Le plus grand nombre, cependant, y a vu le repré-

Χρόμιοι, d'où sortait la rivière Asope du pays de Sicyone, est aussi du slave presque pur, *Chrobi*, les montagnes.

sentant des nations nomades de souche gothique errant dans les vastes steppes qui bordent au nord et au nord est le Caucase et la mer Caspienne : ce sentiment a été celui des critiques les plus habiles et des plus savants exégètes, et nous n'hésitons pas à l'adopter. Dans ce sens, le Mâgog de Moïse répond exactement à l'appellation de *Scythes* chez les écrivains de l'antiquité gréco-romaine, et à celle de *Tourân* dans les traditions irâniennes. Il est du moins évident que telle est l'idée qu'y attachent les deux seuls écrivains hébraïques qui dans l'Ecriture l'aient employé après Moïse, Ezékhiel aux chapitres XXXVIII et XXXIX de ses prophéties, et l'apôtre St-Jean au chapitre XX de son Apocalypse. Le premier voit la multitude des peuples de Gog et de Magog descendre du fond du Nord contre Israël, avec leurs troupes innombrables de cavaliers *armés d'arcs et de flèches :* — et l'on sait que toutes ces hordes nomades de race blonde furent toujours les *archers* par excellence de l'Asie intérieure; — le second évoque les nations de Gog et de Magog, « qui habitent aux quatre coins du monde, » c'est-à-dire les derniers peuples nomades des extrémités de la terre habitée.

Chez les Arabes et chez les Persans, *Yadjoudj* et *Madjoudj* répondent aux peuples de *Gog* et de *Magog* de l'Ecriture; ce sont de même, dans leur plus grande généralité, les hordes nomades du nord du Caucase et du nord-est de la Caspienne, — ces redoutables hordes que l'histoire nous montre, de-

puis l'antiquité la plus reculée, en hostilité perpé-
tuelle avec les nations sédentaires de l'Iran et des
plaines de l'Euphrate (1). Une ancienne tradition
répandue chez les Arabes parle d'une muraille mer-
veilleuse élevée dans le Caucase contre les incursions des Yadjoudj et des Madjoudj ; cet ouvrage
est attribué à Alexandre le Grand, que les Orientaux nomment Dhoul'kharnein, le héros aux Deux
Cornes (2). Dans le Koran, Dieu dit au Prophète :

(1) M. d'Ohsson, dans son savant ouvrage sur les peuples du
Caucase au moyen âge, a réuni tous les passages des auteurs
orientaux sur Yadjoudj et Madjoudj (*Des peuples du Caucase et
des pays au nord de la mer Noire et de la mer Caspienne dans le
X*e siècle*, etc., p. 131 et suiv.).

(2) Sans doute, fait justement observer M. d'Ohsson (ouvrage
cité, p. 2-8), par allusion aux deux cornes d'Ammon figurées
sur les monnaies de ce conquérant. Cette tradition du mur du
Caucase attribué à Alexandre est ancienne, car il en est fait
mention dans les historiens juifs Ægesippe et Joseph (*Ægesippus,
de Hierosolymitano Excidio*, c. 51 ; Fl. Josephus, *de Bello Ju-
daico*, VII, 7). On sait qu'Alexandre n'a jamais été dans le
Caucase ; mais l'extension de ce nom aux montagnes de l'Iran
oriental, c'est-à-dire au Paropamisus, que le conquérant macé-
donien franchit en effet dans sa marche sur l'Inde et où ses historiens placent le rocher de Prométhée (Quintus Curtius, VII,
3), nous révèle sûrement la source de cette confusion. Au surplus, la contrée de Yadjoudj et de Madjoudj s'est reculée vers
le Nord chez les historiens et les géographes de l'Orient, à mesure que leurs connaissances géographiques se sont étendues.
On la plaçait d'abord immédiatement derrière le Caucase, et on
finit par la reléguer dans les régions inconnues qui avoisinent,
aux extrémités du Nord, les rivages de la mer Ténébreuse. Selon
une tradition, l'un des disciples du prophète lui demande ce que
c'était que les Yadjoudj et les Madjoudj ? « C'est, répondit-il,
un peuple innombrable. Aucun d'eux ne meurt qu'il n'ait vu

« Les infidèles t'interrogeront sur Dhoul'kharneïn.
Dis-leur : je vais vous en parler. Nous l'avons rendu
puissant sur la terre..... Il marcha vers l'Occident,
et parvenu jusqu'aux lieux où le soleil se couche, il
le vit descendre dans l'onde bouillonnante.... . Ensuite il s'avança jusqu'aux bornes de l'Orient, et vit
le soleil se levant sur un peuple auquel nous n'avons

mille individus mâles de sa postérité, tous revêtus de leurs armes. Il y en a trois espèces : les uns ont la taille aussi élevée
que les cèdres de Syrie ; elle est de cent vingt coudées. Ceux de
la seconde espèce sont encore plus grands et plus forts. La taille
de ceux de la troisième varie depuis un palme jusqu'à quarante
coudées. Ces derniers ont de longues oreilles, l'une toujours
dressée, l'autre couchée pour leur servir de vêtement. Ils mangent les éléphants, les sangliers, et tous les autres animaux sauvages et immondes. Ils mangent même leurs morts..... Lorsqu'ils marcheront pour envahir la terre, ajoute le prophète
arabe, leur avant-garde aura déjà atteint la Syrie que leurs dernières troupes seront encore dans le Khoraçan » (D'Ohsson,
ouvrage cité, p. 142.) Sur cette prédiction de l'invasion du
monde musulman par Yâdjoudj et Madjoudj à la fin des temps,
il faut comparer les versets 7 et 8 du ch. XX de l'Apocalypse :
« Et après que mille ans seront accomplis, Satan sera délié ; il
sortira de sa prison, et il séduira les nations qui sont aux quatre
coins du monde, Gog et Magog, et il les assemblera pour le
combat, et leur nombre égalera celui du sable de la mer. Et ils
montèrent sur la face de la terre, et ils environnèrent le camp
des saints et la ville bien-aimée. » Quant aux fables arabes sur
ces peuples géants de Madjoudj aux oreilles pendantes, etc.,
leur analogie avec celles qui se répandirent chez les Grecs après
les récits de Ctésias et l'expédition d'Alexandre montre avec
quelle persistance se sont perpétuées ces légendes des habitants
des plaines sur les tribus montagnardes de l'Himalaïa occidental et des hautes vallées du Hindou-Kôh. Les voyageurs modernes en ont recueilli d'analogues.

pas donné d'abri contre ses rayons..... Ensuite, prenant une nouvelle route, il arriva entre deux montagnes, et, au pied de ces montagnes, il trouva un peuple qui comprenait à peine le langage humain. O Dhoul'kharneïn! lui dirent-ils, les Yadjoudj et les Madjoudj font beaucoup de mal sur la terre. Nous te donnerons un tribut si tu veux élever un rempart entre eux et nous. Il leur répondit : Ce que Dieu m'a donné vaut mieux ; assistez-moi de vos bras, je construirai un mur entre eux et vous ; apportez de la mine de fer et entassez-la jusqu'à ce qu'elle s'élève au niveau des deux montagnes. Il dit ensuite : Soufflez jusqu'à ce qu'elle soit en feu. Puis il dit : Apportez-moi de l'airain fondu que je l'y verse. Les Yadjoudj et les Madjoudj ne purent ni le franchir ni le percer... (1) »

Cette adjonction de *Gog* au *Magog* de Moïse est une notion comparativement récente ; on la trouve, pour la première fois, nous l'avons vu, dans le prophète Ezékhiel, qui vivait environ 600 ans avant notre ère ; et depuis lors Gog et Magog sont restés inséparables dans les légendes orientales. Rien absolument ne nous indique pourquoi la Genèse nomme Magog seulement, et non pas Gog, ni pourquoi ce dernier nous apparaît plus tard à côté du premier. Dans Ezékhiel, Gog semblerait être le chef, le dominateur de Magog ; son autorité s'étend sur Mesekh et sur Tubal, c'est-à-dire sur les habitants de la vallée du Kour, ou de la Géorgie actuelle : « Fils

(1) Koran, ch. XVIII, v. 92 et suiv.

de l'homme, s'écrie le prophète, tourne ton visage vers Gog, vers la terre de Magog, vers ce prince et ce chef de Mesekh et de Tubal…. (1) » Et plus loin : « Je viens à toi, Gog, prince et chef de Mesekh et de Tubal. » Ici l'écrivain inspiré trace en traits énergiques le tableau de l'invasion du chef de Magog et des peuples qu'il traîne à sa suite contre l'Egypte et le pays d'Israël. Le rapport des dates et des circonstances ne permet pas de douter qu'il ne s'agisse ici de la grande irruption des Scythes d'au delà du Caucase, telle que nous la raconte Hérodote (2), qui se jetèrent sur la Médie en poursuivant les Kimmériens, et restèrent maîtres de l'Asie antérieure pendant vingt-huit ans. Nous avons ainsi, en même temps qu'un synchronisme historique, une synonymie positive entre le peuple de Magog et les hordes Scythiques. Mais d'où viennent ces noms de Magog et de Gog ? *Gog* aurait-il quelque analogie avec le nom même des *Scythes*, que les Grecs, qui l'écrivaient Σκύθαι, prononçaient *Skoutç-aï* ou *Skeutç-aï* et qui se montre sous les transformations diverses de *Ghète*, *Goth* (prononcé *Gotç*), *Gète*, *Youts*, *Yeuts*, *Djeut*, etc.? Y aurait-il ainsi corrélation entre les appellations binaires de *Gog* et de

(1) D'autres interprètes lisent : « Prince de Rhos (ou de Rhas), de Mesekh et de Tubal. » Le texte hébreu prête à cette double lecture, le mot רֹאשׁ, qui signifie à la fois *tête* et *chef*, pouvant aussi se prendre pour un nom propre (peut-être l'Araxe?). Cp. Bochart, *Phaleg*, lib. III, c. 13.

(2) Hérodote, liv. I, ch. 103 à 106.

Magog d'une part, et celles de *Ghètes* et de *Massa-
Ghètes* ou Grands Ghètes, de l'autre? Un savant
d'une grande autorité ne paraît pas éloigné de le
croire (1). Aux raisons philologiques qu'il en donne
on en pourrait ajouter de plus concluantes encore,
parce qu'elles seraient prises au cœur même du sujet. Ainsi l'on voit que les Arabes et les Persans
modernes, en empruntant des Hébreux la tradition antique de Gog et de Magog, écrivent Youdj et
Madjoudj, c'est-à-dire qu'ils substituent une dentale sifflante à une gutturale aspirée; de même que
les anciens livres zends, et Firdoussi dans son épopée persane, écrivent *Albordj* le nom d'une montagne célèbre dans la cosmogonie irânienne, nom qui
certainement n'est autre chose que le *berg* des idiomes teutoniques. On aperçoit donc ici certaines
lois de mutations vocales d'idiome à idiome, par
lesquelles nous pourrions nous rendre compte de
celle qui se serait opérée dans le passage du *Goth* ou
Gotç des nomades du Nord au *Gog* des Sémites.
Toutefois, nonobstant ces considérations et quoi
qu'il faille accorder non-seulement à ce mystérieux
travail de transformation intérieure qui dans chaque idiome mine sourdement et tend incessamment
à modifier les éléments vocaux, mais surtout aux
causes multiples d'altération, soit organiques, soit
accidentelles, que les noms propres rencontrent en
passant par la bouche des étrangers, — malgré cette

(1) Ch. Lenormant, *Cours d'histoire ancienne*, p. 290, Cp.
p. 294.

double part que l'on doit faire à ces chances si nombreuses d'altération que les mots, surtout les noms propres, ont à subir dans leur passage à travers les siècles, nous n'oserions dire que l'origine du nom de Gog dérive de Gotç; nous croyons que le nuage du doute est destiné à toujours planer sur cette question de philologie ethnographique. L'histoire a des problèmes que le temps peut rendre à jamais impénétrables.

Madaï.

Il n'y a nulle difficulté quant à l'identité des *Madaï* de la Genèse, avec les *Mèdes* des historiens grecs. Le siège principal de la race médique ne se trouvant pas compris dans les limites de notre région Caucasienne, nous n'aurions pas eu lieu de les mentionner quant à présent, si les Mèdes de l'Aderbaïdjân n'étaient pas limitrophes des peuples caucasiens, tellement que sur plusieurs points il est difficile de discerner si tel district frontière est mède ou arménien; et si, en outre, un essaim détaché de la souche médique n'était venu se fixer très-anciennement au cœur même du Caucase, où il existe encore sous le nom d'*Ases*, qui est celui de la race. Nous reviendrons spécialement, dans la 3e partie de ce Mémoire, sur cette antique immigration des Ases et sur les questions qui s'y rattachent.

Toubâl et Meschekh.

Nous réunissons ces deux noms, qui nous rappellent autour du Caucase, comme celui des écrivains hébraïques qui les a de nouveau cités dans la suite de l'Écriture, Ezekhiel, les a toujours réunis (1). Bochart, le premier (2), a fait remarquer comme une coïncidence frappante que deux noms presque identiques, *Moskhi* et *Tibaréni*, appartenant à des peuples voisins du Caucase, ont été pareillement accolés par Hérodote dans les deux passages de son histoire où il les mentionne, d'abord dans l'énumération des satrapies de l'empire de Darius, où ils sont compris dans un même gouvernement ; puis dans le dénombrement de l'armée de Xercès, où ils marchent réunis sous un même chef (3). Il est en effet indubitable que le *Toubâl* ou *Toubel* de Moïse et des prophètes est représenté par les *Tibarènes* de la géographie hellénique, et *Meschekh* par les *Moskhes* ; nos connaissances géographiques et ethnographiques sur la région du Caucase, beaucoup plus étendues aujourd'hui et plus précises qu'elles ne l'étaient à l'époque où l'illustre Bochart écrivait sa *Geographia Sacra*, nous permettent d'appuyer cette synonymie de considérations nouvelles, qui la complètent et la fortifient.

(1) Chap. XXVII, vers. 13 ; XXXII, 26 ; XXXVIII, 2 et 3 ; XXXIX, 1.

(2) *Phaleg*, lib. III, c. 12.

(3) Hérodote, liv. III, ch. 94, et VII, 78.

L'on comprend mieux en effet comment le prophète hébreu et l'historien grec offrent en ceci un accord si remarquable, quand on sait que Toubal et Meschekh, ou, selon l'orthographe hellénique, Tibar (1) et Moskh, ne sont que deux fractions d'une même nationalité. La séparation est bien ancienne, la Genèse nous l'atteste ; mais elle n'a pu effacer les traces toujours reconnaissables qu'une origine commune a laissées dans la langue et dans les traditions locales. A toutes les époques de l'histoire, les auteurs étrangers et nationaux ont mentionné une contrée de *Meskh* occupant la haute vallée du Kour au-dessus d'Akhaltzikhé, et formant ainsi dans le S.-O. la partie supérieure de ce que nous nommons maintenant la Géorgie (2) ; les rudes montagnes qui enveloppent ce bassin sont les *Moschici Montes* des anciens. Le nom de *Meskhie* paraît d'ailleurs avoir eu plus ou moins d'extension selon les temps ; et les chroniques nationales de la Géorgie nous autorisent à le regarder comme ayant compris originairement la plus grande partie, peut-être

(1) On trouve le nom des Tibarènes écrit aussi Tibares, Τιϐαροι. La finale *én* n'est ici que le signe explétif du pluriel, selon le génie des langues hindo-gothiques.

(2) On peut suivre la progression des témoignages anciens après Hérodote sur les Meskhi, ou, selon l'orthographe gréco-latine, Moskhi, dans Strabon, lib. XI, p. 498-499, édit. Casaub ; Pline, lib. VI, c. 11 ; Procope, *de Bello Gallico*, p. 569, ed. Paris. 1663, t. I ; Cedrenus, t. II, p. 770, Paris. 1647. La chronique géorgienne, citée dans la note suivante, nous fournit d'ailleurs des indications beaucoup plus étendues.

même la totalité du territoire géorgien. Khartlos,
le père de la race géorgienne (laquelle ne se donne,
on le sait, d'autre nom que celui de *Khartli* ou
Karthouli), eut plusieurs fils, disent les chroniques,
parmi lesquels le plus fort et le plus puissant fut
Mtskhéthos, qui régna en suzerain sur ses autres
frères. On sait ce que signifient en général ces formes
de langage dans les traditions primitives des peuples : les fils d'un chef de race y représentent toujours autant de ramifications ethnologiques ou de
subdivisions du territoire. Mtskhéthos fut d'ailleurs
le fondateur de la première métropole géorgienne,
qui s'appela d'après lui *Mtskétha*, et qui garda ce
rang jusques dans la seconde moitié du cinquième
siècle de notre ère (1). On en voit encore les ruines
au confluent de l'Aragvi et du Kour, à quelques
lieues au-dessus de Tiflis. Or, on ne saurait méconnaître le rapport évident, disons mieux, l'identité
du nom de *Mtsketh* avec ceux de *Meschekh*, *Mé-
sekh*, *Mosokh* et *Meskh*, selon les diverses articula-
tions étrangères. Dans Mtsketh, la finale *eth* n'est
que le signe habituellement employé pour transfor-
mer un ethnique en dénomination territoriale,
comme dans Oss-*eth*, pays des Oses, Abkhas-*eth* pays
des Abkhases, etc., etc. ; reste donc le radical мтѕк,
tout à fait analogue à l'hébreu משך, мѕк, et comme
celui-ci ne pouvant s'articuler qu'au moyen d'inter-
calations vocales plus ou moins rapides, plus ou

(1) Chronique Géorgienne, publiée en français par Klaproth,
dans le *Nouveau Journal Asiatique*, t. XII, 1833, p. 532.

moins accentuées. C'est ainsi que *Mtsk* ou *Msk* sont devenus Metsek, Meschekh, Mosokh, Moskh, Meskh, etc. Aujourd'hui le nom subsiste encore comme dénomination de province sous la forme de *Sa'mtzké*, comprenant la vallée supérieure du Kour, et la plus grande partie du bassin du Tchorok, c'est-à-dire assez exactement l'étendue de pays que Strabon donne aux *Moskhi* (1). Il est donc plus que probable que dans le temps auquel se rapporte le document ethnologique de la Genèse, le nom de *Mtskéthi*, devenu *Meschekh* pour les Sémites des plaines de l'Euphrate, désignait la plus grande partie de la vallée du Kour, en même temps que Mtskétha était le nom de la métropole. Cette grande extension de la Meskhie primitive ne paraît pas avoir été de longue durée ; car, dit la vieille chronique géorgienne, après la mort de Mtskéthos les autres fils de Khartlos se désunirent et se firent la guerre entre eux. Dans les temps postérieurs, l'histoire et les géographes nous montrent en effet la Meskhie resserrée dans les bornes beaucoup plus étroites que nous avons déjà indiquées, vers la partie supérieure de la vallée du Kour.

Reste à déterminer quelle pouvait être dans les anciens temps la valeur ethnographique ou géographique du nom de *Toubál*.

La chronique géorgienne nous fournit encore à

(1) Voyez la *Description géographique de la Géorgie. par le tsa*-*révitch* Wakhoutcht, *publiée* (en géorgien et en français *par* *M.* Brosset. Saint-Pétersbourg, 1842, in-4°. p. 71 et suiv.

ce sujet de précieuses indications, qui jusqu'à présent, nous avons lieu de nous en étonner, n'avaient pas été remarquées, non plus que celles que nous en avons tirées sur l'antique acception du nom de Meskh.

« Le fils aîné de Karthlos (Mtskhéthos) vécut beaucoup d'années, dit la chronique, et son peuple s'augmenta. Parmi ses fils il y avait trois hommes valeureux nommés *Oup'hlos, Odzkhros* et *Djavakhos*; il partagea entre eux, de son vivant, ses peuples et ses possessions.... Oup'hlos resta dans les États de son père, qui s'étendaient depuis l'Aragvi et Tbilisi (Tiflis) (1) jusqu'à Thasis-K'ari et P'haravani (c'est-à-dire jusqu'à la frontière orientale de l'Iméréthi). Il y construisit Oup'hlis-tsikhé (le fort d'Oup'hlos), Ourbnisi et Kaspi (2)... Mais à la mort de Mtskhéthos, fils de Karthlos, les autres fils de ce dernier se désunirent, et commencèrent à se faire la guerre entre eux. Ils ne furent plus soumis à Oup'hlos, fils de Mtskhéthos, et ne voulurent plus le reconnaître pour leur suzerain, quoiqu'il fût assis sur le siége de Karthlos et que son père lui eût

(1) C'est-à-dire depuis le lieu où plus tard Tiflis fut bâtie; car la fondation de cette ville est d'une date comparativement récente.

(2) Trois lieux situés sur la gauche du Kour, entre le confluent de l'Aragvi et celui de la Proné. C'est la partie centrale du cours du fleuve. Oup'hlis-tsikhé existe encore sous ce nom; c'est une ville taillée dans le roc, et l'un des plus curieux monuments troglodytiques des anciens temps. (Klaproth, dans le *Nouv. Journ. Asiat.* T. XII, p. 533. Comp. Dubois de Montpéreux, *Voyage autour du Caucase*, t. II, p. 23, et t. III, p. 193.)

transmis la domination... Le prince de Mtskhétha était pourtant regardé comme le supérieur de tous.... il était l'arbitre et le juge de tous les Karthlosiens. La ville de Mtskhétha, qui était la plus grande du pays, portait le titre de Déda-K'halak'hi » (la Ville-Mère, la Métropole).

Ce texte curieux répand un jour tout nouveau sur le texte correspondant du chapitre X de la Genèse. Il nous paraît impossible de méconnaître le *Toubâl* de Moïse dans l'*Oup'hlos* de la chronique, de même que nous avons évidemment retrouvé Meschekh dans Metsekethos. On peut dire que ces deux noms, Toubâl et Oup'hlos, sont identiques ; car l'addition de la consonne initiale n'en change nullement la physionomie, et les lettres constitutives des deux groupes OUPL et T'OUBL sont d'ailleurs exactement les mêmes. Mais l'accord n'est pas seulement dans les noms : une similitude plus décisive encore se montre dans les choses. Assurément, nous ne prétendons pas garantir dans leurs détails les faits et les généalogies consignés dans la chronique, quoiqu'en eux-mêmes ni ces faits ni ces généalogies n'aient rien de contraire à la vraisemblance ; mais nous disons que contrôlés et justifiés comme ils le sont dans leurs généralités essentielles, d'un côté par leur parfaite concordance avec un document tel que la Genèse, d'une antiquité et d'une authenticité incontestables, de l'autre par leur transmission écrite dans le pays même depuis un temps immémorial, et surtout par l'existence actuelle de noms de lieux qui vont se rattacher aux plus anciennes origines nationales, et qui portent effectivement en eux-mêmes l'incontestable cachet d'une antiquité reculée ; nous disons qu'ainsi contrôlés d'époque en époque par une suite de témoignages contemporains, ces traditions primitives de l'histoire géorgienne acquièrent une autorité pour le moins égale, sinon supérieure, à celle que la critique la plus réservée accorde aux faits de l'ancienne histoire recueillis par un Hérodote et un Tite-Live.

Or, ici que voyons-nous ?

La plus ancienne domination politique qui s'établit au sein de la race de Karthli porte le nom de *Mtsketh*, et sa capitale celui de *Mtskhetha* : c'est le *Meschekh* du tableau ethnographique de Moïse.

Après ce royaume de Mtsketh, une seconde domination s'élève sous le nom d'*Oup'hlos*, s'étendant à ce qu'il paraîtrait sur les mêmes provinces, mais ayant sa capitale distincte sous le nom d'*Oup'hlis*, tandis que Mtsketha restait la métropole nominale de l'empire de Karthli : c'est le *Toubál* du document biblique.

Maintenant, comme nous l'avons dit, on se rend parfaitement raison pourquoi *Meschekh* et *Toubál* sont toujours nommés conjointement par Ezékhiel, soit que les notions géographiques du prophète se rapportassent au temps même où il écrivait, c'est-à-dire vers l'an 600 avant J.-C., soit qu'elles remontassent à des temps plus anciens : c'est qu'en effet Mtsketha et Oup'hlis, quoique nominalement distincts, ne forment en effet qu'un seul et même Etat, représentant également le royaume primitif de Karthli.

N'oublions pas d'ailleurs que les temps dont il s'agit remontent à seize cents ans au moins avant notre ère, que les pays caucasiens n'ont eu que de rares et tardives communications avec les nations de l'antiquité gréco-latine, que plus d'une circonstance des événements très-anciens a dû inévitablement s'oublier ou s'altérer dans la transmission orale où même écrite ; et loin de nous préoccuper de quelques difficultés de détail, de quelques lacunes plus ou moins importantes dans les vieilles traditions indigènes, nous nous étonnerons plutôt de retrouver ces traditions se liant d'une manière aussi remarquable, dans les faits essentiels et fondamentaux, avec des données extérieures d'une véracité non douteuse, alors qu'il est de toute évidence par la contexture même et l'ensemble de ces annales de la nation géorgienne, qu'elles n'ont pu être accordées après coup avec les documents étrangers.

Un certain nombre de circonstances historiques, formant la liaison entre les faits primitifs et l'état de choses des temps postérieurs, ont pu, disons-nous, s'altérer ou s'effacer dans les récits toujours très-succincts des annales indigènes : c'est qu'en effet lorsque Hérodote mentionne collectivement les *Tibarènes* et les *Moskhes*, pour une époque qui embrasse la fin du sixième siècle avant notre ère et le commencement du cinquième, de même qu'Ezékhiel, cent ans avant cette époque, avait nommé ensemble *Toubál* et *Meschekh*, l'historien grec semble néanmoins faire des deux noms qu'il rapproche les représentants de deux populations tout à fait distinctes. On ne saurait douter que dans la double énumération où ces deux noms se présentent, celle des grands gouvernements de l'empire de Darius et le recensement par peuples de l'armée de Xercès, Hérodote ne s'appuyât sur des documents positifs d'origine persane : conséquemment, les notions que nous y trouvons consignées ont une valeur en quelque sorte administrative. D'ailleurs, l'histoire et la géographie des temps postérieurs nous présentent toujours les *Tibareni* et les *Moskhi* comme deux peuples distincts, quoique contigus. Il paraîtrait donc certain que depuis l'époque reculée où les annales géorgiennes marquent l'établissement des deux États de Mtsketha et d'Oup'hlis, une séparation de plus en plus profonde se serait opérée entre les deux fractions de la race de Karthli que ces deux noms représentent.

Telle est la conclusion que l'on serait déjà en droit de tirer des faits consignés dans les traditions nationales de la Géorgie, combinés avec ceux que nous fournissent des sources étrangères ; mais on peut aller plus loin, et se demander si le nom de *Toubál* ou *Tibar*, — deux formes différentes d'une même appellation nationale, cela est certain, — n'a pas une existence plus ancienne, s'il ne se rattache pas à un fait ethnologique plus étendu que ne le feraient supposer les chroniques géorgiennes ?

Ce doute, ou plutôt cette présomption, voici ce qui peut à nos yeux y donner lieu.

Le nom de *Tibar*, diversement altéré ou modifié, mais toujours reconnaissable, paraît avoir eu de tout temps une grande extension, depuis les bords méridionaux de la mer Caspienne jusqu'à l'extrémité sud-est du Pont-Euxin. Le poëme certainement très-ancien, qui, sous le nom d'Orphée, célébra le premier chez les Hellènes l'expédition aventureuse des Argonautes, connaît des *Tibarènes* sur la côte Pontique non loin des bouches du Thermodon (1), aux lieux mêmes où les indiquèrent aussi les périples rédigés par Scylax et par Hécatée sur des matériaux milésiens, environ 500 ans avant J.-C. (2), et où Xénophon les retrouva un siècle plus tard lors de sa célèbre retraite à la tête des Dix Mille (3). Chez Strabon, les Tibarènes paraissent occuper une position un peu plus orientale, du côté de Trébizonde (4) ; et l'expression collective

(1) Orphei *Argonautica*, v. 739, ed. Gesn.

(2) Scylacis Caryandensis *Periplus*, p. 79, ed. Gronov. 1697 ; Steph. Byz. *voce χοιράδες*. — Sur l'époque de la portion du Périple de Scylax qui se rapporte aux côtes du Pont, et sur les sources d'où elle fut tirée, voy. notre Histoire géographique de l'Asie-Mineure, t. I, p. 278.

(3) *Anabasis*, lib. V, c. 5.

(4) Strabonis *Rer. geographic.* lib. XII, p. 548 et 555, ed. Casaub.

de *peuples tibaréniens*, dont se sert dans un endroit le géographe d'Amasée (1), qui était parfaitement à même de recueillir des notions précises sur toute cette région Pontique, cette expression remarquable donne au nom de ce peuple une importance que n'aurait pas eu celui d'une simple peuplade montagnarde. Il semblerait que Strabon aurait ainsi voulu désigner l'ensemble des populations alpines que les historiens postérieurs connurent, et qui sont encore désignées, sous le nom générique de Lazes. Ptolémée place au sud des montagnes du Pont un lieu du nom de *Tapoura* (2). Nous avons montré ailleurs qu'une tribu tibare, probablement détachée des Tibarènes du Pont, était descendue jusques dans l'Amanus, où un ancien l'a mentionnée sous le nom de *Tibourani* (3). D'un autre côté, nous trouvons dans le pays de montagnes qui borde au sud la mer Caspienne un peuple que son nom de *Tapires* ou *Tapoures* semble devoir rattacher à la même souche que les Tibares occidentaux ; le nom de ce peuple caspien, dans les écrivains orientaux, est *Tabaris*, ou *Tabéris*, et il a donné son nom à un district considérable du Mazandéran, le *Tabéristan*. Ce fut par les historiens des expéditions d'Alexandre que les Grecs reçurent les premières, ou plutôt les seules notions qu'ils aient eues sur les Tapires (4);

(1) *Id.* lib. II, p. 129.
(2) Ptolem. *Geographia*, lib. V, c. 7.
(3) Voyez notre Histoire géographique de l'Asie Mineure ancienne, p. 364.
(4) Quint. Curt. lib. VI, c. 4 ; Arrianus, III, 23. Comp. Éra-

mais l'antiquité historique de ce peuple est attestée
par la mention que Ctésias en avait trouvée dans les
Archives royales de la Perse. Dans l'énumération des
conquêtes attribuées à Ninus, les *Tapires* étaient
en effet expressément nommés parmi les autres peuples du pourtour méridional de la Caspienne (1) ; et
nous aurions pour eux le témoignage d'une antiquité encore plus considérable, si, comme cela nous
paraît indubitable, on y doit reconnaître le peuple
d'*Avir* que les antiques traditions de la cosmogonie
zende comptent parmi les cinq ramifications de la
race de Mazandéran (2). Il est assez singulier qu'Hé-

tosthènes, dans Strabon, lib. XI, p. 514, 515 et 520, et Ptolémée, lib. VI, c. 2. Il semblerait que des tribus détachées du
corps principal des Tapires fussent en outre répandues très-loin
à l'Est vers les sources du Iaxartes (Ptolem. lib. VI, c. 10 et
14, et *Tabula* VII *Asiæ*). Peut-être est-ce là qu'il faut chercher
un des plus anciens points de départ de la race, comme celui de
tant d'autres peuples et de tant de tribus de l'Asie occidentale
et de l'Europe.

(1) Ctésias, ap. Diod. Sic. lib. II, c. 2. Le nom de Ninus,
associé à ceux de Bélus et de Sémiramis, représente le fondateur
d'un des plus anciens empires Sémitiques qui se soient formés,
sous le nom d'empire Assyrien, dans les pays qu'arrosent l'Euphrate et le Tigre, à l'occident de l'Iran, siége de la race Médique, et au sud de l'Arménie. La chronologie ordinaire fait remonter les règnes de Ninus et de Sémiramis à 1900 ans au moins
avant notre ère, c'est-à-dire à plus de trois cents ans avant le
temps où Moïse écrivit la Genèse et les autres livres du Pentateuque, lors de la sortie d'Égypte; mais les données de cette chronologie sont bien incertaines. Toujours est-il que nous nous
trouvons là portés à une antiquité très-reculée.

(2) Dans l'énumération, tout à fait analogue à celle du chapitre X de la Genèse, que les livres sacrés de l'Iran faisaient des-

rodote ne connaisse ni les Tapires de la mer Caspienne, ni les Tibares du Pont-Euxin, lui si exact

races primitives du monde, six couples symboliques étaient attribués au Kounneretz, c'est-à-dire à la Terre Sacrée, à l'Iran dans
sa plus grande extension, et y étaient devenus la souche d'autant
de nations distinctes. De ces six races irâniennes, celle de Mazandéran s'était ramifiée en six peuples, « qui habitèrent, dit le
texte zend, l'un dans les villages de *Soûra*, un autre dans les
villages d'*Avîr*, un troisième dans les villages de *Toûr*, un autre dans le *Tchinestan*, un autre dans les villages de *Daï*, un
autre dans les villages de *Satâd*. » (*Zend Avesta, traduit par* Anquetil du Perron, t. II, *Boun-Dehesch*, p. 380 et suiv. Les travaux de M. Eugène Burnouf sur cette partie du Vendidad-Sadé
ne sont pas encore publiés). Sourân est incontestablement l'Assyrie, de même que Toûr est le Tourân, c'est-à-dire le pays au
Nord de l'Oxus, et Daï le Dahistan, vers le S.-E. de la mer Caspienne. Les deux autres noms, Tchinestan et Satad, ne présentent
pas une correspondance aussi aisée à établir, et il y a dans le
premier un anachronisme dont l'éclaircissement exigerait une
discussion spéciale; mais on n'en voit pas moins que l'un et l'autre doivent, comme Daï et Toûr, se placer à l'Orient de la mer
Caspienne. Le système géographique de la cosmogonie irânienne,
de même que celui de la cosmogonie khaldéo-hébraïque, est
donc clair dans son ensemble, quoique plus ou moins incertain
dans quelques-uns de ses détails. Or le peuple d'*Avîr*, placé entre
Soûr ou l'Assyrie et Toûr ou le Touran, se trouve naturellement
indiqué vers le sud de la mer Caspienne, là même où le nom de
Tabéristan, et plus anciennement celui des *Tapires*, fournissent
une synonymie naturelle. Anquetil interprète le mot Avîr par
qui est au pied, et croit qu'il faut entendre par là « le peuple qui
demeure au pied de l'Albordj. » Le nom d'Albordj, où la montagne par excellence, a dans la géographie mythique de l'Iran
une signification très-étendue; mais une de ses applications historiques nous conduit précisément dans la chaîne qui domine
le Mazandéran, où le nom d'Elbours, altération moderne de
l'antique appellation, désigne une des sommités principales.

dans l'énumération circonstanciée des peuples et des
provinces de la domination persane ; mais en revanche, il nomme à plusieurs reprises (1), au sud de la
Colchide, un peuple du nom de *Saspires* ou *Sa-*
pires (2), dont le territoire, connu de Xénophon, de
Strabon et de Constantin Porphyrogénète sous le
nom de *Hisperitès*, *Sysperitès* ou *Hispiratis* (3),
trouve sa synonymie dans le pays de *Sber* de l'ancienne géographie géorgienne, et s'identifie avec
l'*Ispir* de nos cartes modernes, dans la partie supérieure du bassin du Tchorok (4). Or, si l'on réflé-
chit, indépendamment de l'analogie des noms, que
la dénomination de Tibare, qui tient une place si
notable sur les bords sud-est du Pont-Euxin dans
tous les auteurs anciens depuis Orphée, disparaît
tout à coup de l'histoire et de la géographie à partir
du second siècle de notre ère ; que l'expression de
peuples tibaréniens qu'emploie Strabon paraît de-

(1) Herodot. *Histor.* lib. I, c. 104; III, 94; IV, 37, 40; VII, 79.

(2) Le poëme orphique connaît aussi des *Sapires* sur la côte du
Pont-Euxin, au sud de l'embouchure du Phase. Orphei *Argo-*
nautica, v. 753, edit. Gesn. Comp. les Argonautiques d'Apollonius de Rhodes, amplificateur érudit du poëme orphique; lib.
II, v. 395 et 1243, ed. Lehrs.

(3) Xenoph. *Anab.* lib. VII, c. 8; Strab. lib XI, p. 503 D,
Casaub. *id.* p. 530 C et 529 D. Constant. Porphyrogen. *De The-*
mat. (thema VIII), p. 30, edit. de Bonn

(4) Le passage de *Sber* à *Saspir* est régulier en géorgien au
moyen du préfixe *sa* qui paraît y remplir, dans beaucoup de
noms de lieux, la fonction de particule démonstrative : comme
Sakarthvelo, nom vulgaire du Kartvel, dérivé de Karthlos;
Samtskhé, de Mtskethos, etc.

voir embrasser les tribus du bassin du Tchorok et de tout ce que postérieurement on trouve désigné sous la qualification de *pays des Lazes* ; enfin, que toutes ces populations montagnardes appartiennent en effet à une seule et même souche, à la famille géorgienne, on sera naturellement disposé à croire que les *Saspires* méditerranéens d'Hérodote sont en effet, par le nom comme par l'origine, frères des *Tibares* de la côte pontique, la séparation des tribus et l'altération si facile des noms propres dans la bouche des étrangers expliquant aisément ces formes diverses d'un même ethnique originaire. Quoiqu'il en soit à cet égard, il faut se garder de confondre ces antiques Sapires de la région sud-ouest du Caucase avec les *Sabires* qui se montrèrent, vers le milieu du cinquième siècle de notre ère, dans les steppes de la Kouma et du Kouban, et qui firent, à partir de cette époque, de fréquentes incursions au midi de la chaîne Caucasienne. Ces Sabires, selon le témoignage unanime des auteurs contemporains (1), appartenaient à une nation hunnique, ou pour mieux dire, comme l'a bien établi feu M. Klaproth (2), à la famille Ouralo-Finnoise. Nul sans doute n'oserait affirmer que les Finnois-Sabires, qui s'approchèrent du Caucase quatre cents ans après J.-C., n'aient pu déjà y pousser leurs incursions ou

___

(1) Notamment Priscus, *de Legationibus*, p. 42 sq. edit Par. 1648 ; Procopius, *de Bello Persico*, lib. II, c. 29, et *de Bello Goth.* lib IV, c. 3.

(2) *Tableaux historiques de l'Asie*, p. 256. Paris, 1826, in-4

même y former des établissements dans les siècles antérieurs à notre ère, d'autant plus que les langues de tout le plateau Caucasien, même la langue arménienne, présentent à l'analyse des traces nombreuses d'infiltrations finnoises remontant à des époques inconnues. Mais si cette origine n'est pas impossible, il est plusieurs raisons qui nous portent à la regarder comme peu probable.

Un dernier point nous reste à examiner : Le nom des *Tibares* est-il ou n'est-il pas identique au fond avec celui d'*Ibérie*, sous lequel, on le sait, les écrivains classiques ont désigné ce que nous nommons aujourd'hui la Géorgie ? Joseph, l'historien des Juifs, le reconnaissait implicitement en identifiant avec l'Ibérie le pays des fils de Toubâl (1). Bochart, le plus savant commentateur de la géographie sacrée, se tient à cet égard dans la réserve (2); d'autres l'ont affirmé depuis, mais sans avoir appuyé leur opinion sur un examen suffisant (3).

Le nom d'*Ibérie*, inconnu à Hérodote ainsi qu'à tous les écrivains antérieurs, ne se montre dans l'ancienne géographie qu'à partir des guerres des Romains contre Mithridate et de l'expédition du grand Pompée dans le Caucase l'an 65 avant notre ère. Depuis lors il devient d'un usage universel chez les Romains et chez les Grecs.

(1) *Antiquitates Judaicæ*, lib. I, c. 6.
(2) *Phaleg*, lib. III, c. 12.
(3) Dubois de Montpéreux, *Voyage autour du Caucase*, t. VI, p. 321 et 338.

Il est donc évident que les Romains trouvèrent ce nom en usage dans le pays même, d'où ils en répandirent la connaissance au dehors.

Cependant tous les savants, même les plus récents, qui se sont occupés de l'histoire du Caucase et de sa géographie, ont affirmé de concert que le nom d'*Ibérie* était absolument inconnu chez les Géorgiens, et que si quelques-uns de leurs écrivains l'avaient quelquefois employé, c'était uniquement d'après les auteurs classiques de l'antiquité.

Cela est vrai, mais seulement dans une certaine limite.

Sans doute les indigènes n'ont jamais employé le nom d'Ibérie pour désigner l'ensemble des provinces géorgiennes, non plus qu'ils ne se sont jamais donné le nom d'Ibériens; la seule appellation nationale est celle de *Karth'li* pour les habitants, et *Karth'vel* pour le pays. Mais nous rappellerons que la province la plus occidentale de la Géorgie porte le nom d'*Imèr*, ou, avec la finale caractéristique des divisions territoriales du royaume, *Iméreth*, nom qui ne diffère de l'appellation classique que par une substitution très-fréquente de deux consonnes voisines. Que la dénomination d'*Imer-eth* soit indigène, c'est ce dont on ne saurait douter, car elle existait certainement à l'époque de l'expédition de Pompée. C'est en effet par cette province que les Romains pénétrèrent dans les pays Caucasiens, et c'est parce que le nom d'*Imèr* — qui dans la prononciation prend aisément la forme d'*Ibèr* — c'est parce que ce nom, qui leur rappelait une contrée célèbre de l'Occident, frappa le premier leurs oreilles, qu'ils l'étendirent à toute la contrée. On ne saurait s'expliquer autrement l'origine du nom d'*Iberia* et son introduction dans la géographie gréco-latine, origine qui a tant embarrassé les savants, et donné lieu à tant de suppositions, à tant d'hypothèses absurdes sur les prétendus rapports de l'Ibérie du Caucase avec l'Ibérie hispanique.

Dans ce sens, on a donc eu tort d'avancer que le nom d'*Ibérie* était absolument étranger aux Géorgiens.

Un écrivain géorgien nous en fournit même une étymologie dont les bases historiques nous semblent plus que douteuses, mais qui en elle même n'a rien que de très-plausible. Le prince Wakhoucht, descendant des princes Bagratides du Karth'li, dans sa précieuse description de la Géorgie composée en Russie vers le milieu du dernier siècle sur des matériaux indigènes et récemment publiée à St.-Pétersbourg par un orientaliste français, s'exprime ainsi : « Les Bagratides nommèrent ce pays Iméreth, parce que, quand ils se furent rendus maîtres de l'Aphkhazeth et de toute la Géorgie, ils voulurent, pour plus d'analogie, que le Karth'li (la Géorgie intérieure ou centrale) devînt l'*Améreth*, l'Aphkhazeth *Iméreth*, et les habitants *Amerni* et *Imerni*. Maintenant le nom d'Iméreth est généralement usité (1). » Le savant éditeur ajoute

(1) *Description géographique de la Géorgie, par le tsarévitch*

9

cette remarque : « Ces étymologies paraissent vrai-
semblables : les noms d'Iméreth, Imerni, Améreth,
Amerni, sont, sans aucune altération arbitraire,
des mots formés très-régulièrement. En effet, en
prenant les monts Likh et le Kour pour la limite
naturelle du Karth'li et de l'Iméreth, ce dernier
royaume est le *pays au delà*, comme le Karth'li est
le *pays en deçà* de la limite sus indiquée. » L'expression d'où est tirée cette étymologie géorgienne
se retrouve au reste dans toute la famille hindo-
germanique : sanskrit, *upari* ; grec, ὑπέρ ; gothique, *ufar* ; allemand moderne, *über* et *üben* ; anglais, *over*, etc., etc. ; elle a même pénétré dans les
idiomes sémitiques, où l'hébreu *eber*, עבר, signifie aussi *au delà*. L'Iméreth, ou Ibérie géorgienne,
est donc, par rapport au Karth'vel ou Géorgie centrale, le pays *au delà* des montagnes, comme l'Ibérie occidentale fut pour les Phéniciens le pays *au
delà* des mers, si telle est, toutefois, la véritable
origine de ce dernier nom. Seulement nos remarques précédentes sur l'existence de la dénomination
d'Imèr-eth à l'époque des guerres des Romains contre Mithridate montrent que l'origine n'en saurait
être attribuée aux princes Bagratides, qui n'occupèrent le trône de Géorgie qu'à partir de la fin du
sixième siècle de notre ère (1).

Wakhoucht ; *publiée d'après l'original autographe* (avec une traduction française) *par M. Brosset*. Saint-Pétersbourg, 1842,
in-4°, p. 337 ; et la note de M. Brosset, p. 336.

(1) M. Fonton, dans sa Description du Caucase composée sur
des documents russes, rapporte une autre étymologie, ou plu-

Pour conclure, il ne nous paraît pas que la dénomination purement géographique d'*Iméreth* ou *Ibérie* se puisse rattacher, *au moins directement*, à aucune des formes diversement modifiées de l'ethnique Oup'hlis, Oublis, Toubel, Toubâl, Tibar, Ivîr, Tabar, Tabèr, etc. Peut-être, ce qu'on ne peut aujourd'hui ni nier ni affirmer, ces deux appellations dérivent-elles d'un radical commun ; mais ce qui nous paraît hors de doute, c'est que cette dérivation commune serait-elle certaine, il ne s'ensuivrait pas pour cela qu'aucun contact ait dû exister entre les deux appellations dans leur application ou dans leurs développements respectifs. Tels deux fleuves qu'une même source a vus naître prennent leurs cours vers des points différents de l'horizon, et vont porter leurs eaux a des mers opposées.

tôt une autre interprétation de l'étymologie précédente. Selon l'autorité que M. Fonton ne cite pas, *Iber* se prendrait non dans l'acception d'*au delà*, mais dans celle d'*au-dessus*, valeur que la préposition a aussi en effet ; et *Ivérié* serait le *Pays de Dessus*, comme *Ivrats* est un montagnard : tel serait du moins le sens qu'y attacheraient les Arméniens (Fonton, *La Russie dans l'Asie-Mineure*, etc., p. 57).

II.

TRADITIONS INDIGÈNES.

Traditions des Arméniens. — Des Géorgiens. — Remarques
ethnographiques.

§ I.

Traditions des Arméniens sur leur origine.

Il y a peu de choses à apprendre dans les livres
historiques des Arméniens sur leurs plus anciennes
origines. Le peuple arménien n'a eu d'histoire écrite
qu'à une époque comparativement récente ; il ne paraît pas qu'avant le règne de la dynastie arsacide
l'Arménie eût songé à réunir en un corps d'annales
les souvenirs traditionnels des anciens temps. Ce fut
le premier prince de cette race parthique, connu
des historiens occidentaux sous le nom de Valarsace,
qui, voulant connaître les événements antérieurs du
pays qu'il venait de conquérir, chargea un certain
docteur nommé Mar Ibas Kadina d'aller à la cour
des rois Séleucides compulser les vieilles annales des
Khaldéens, qui avaient recueilli l'histoire des peuples voisins de la Babylonie. Mar Ibas y trouva un
volume important originairement écrit en khaldéen,
et qu'Alexandre le Grand avait fait traduire en grec.
Ce livre contenait l'histoire détaillée d'un grand

nombre de peuples de l'Asie ; Mar Ibas en tira
tout ce qui se rapportait à l'Arménie, et en rédigea
un précis qu'il présenta à Valarsace (1). Ceci avait
lieu au milieu du second siècle avant l'ère chrétienne,
vers l'année 140. Ces fastes de l'ancienne Arménie,
tels que Mar Ibas les avait rédigés, furent ensuite
la source principale où puisèrent pour les temps antérieurs aux Arsacides ceux qui plus tard entrepri-
rent d'écrire l'histoire générale du royaume, notamment Moïse de Khorène au cinquième siècle de notre
ère, et le patriarche Jean Catholicos au milieu du
neuvième siècle. Mais ces deux historiens, le premier
principalement, en mêlant aux faits que leur four-
nissaient les vieilles chroniques khaldéennes les notions bibliques des livres de Moïse, et en cherchant
évidemment à confondre ces données parallèles,
mais non identiques, ont jeté du doute sur ce qui,
dans ces antiques traditions, pouvait appartenir aux
sources babyloniennes, ou provenir directement des
livres hébraïques. La critique historique, qui s'attache aujourd'hui avec tant de soin à scruter les sources originales des annales des peuples pour en mieux
apprécier la valeur relative, déplore amèrement ces
altérations qu'un zèle bien intentionné inspira à
tant de chroniqueurs des premiers siècles du christianisme. Il n'est pas absolument impossible, néanmoins, dans l'abrégé très-succinct auquel les deux
historiens de l'Arménie ont réduit les anciens sou-

(1) Jean Catholicos, *Histoire d'Arménie*, trad. française de
M. Saint-Martin, 1841, ch. 7.

venirs de leur patrie, de discerner encore ce qui a
dû provenir de sources différentes; et dans les données purement khaldéennes qu'on y distingue, on
peut reconnaître aussi l'infiltration des vieilles traditions historiques de l'Iran. Au surplus, nous l'a-
vons déjà fait remarquer, ces traditions orientales
des premiers temps, qu'elles se montrent sous une
forme à demi fabuleuse dans les livres attribués à
Zoroastre ou dans l'épopée héroïque de Firdoussi,
l'Homère persan, qu'elles aient été recueillies par
les premiers historiens de l'Assyrie et de la Babylonie, ou bien enfin qu'elles se produisent au frontis-
pice des livres de Moïse, doivent également être considérées comme de précieux vestiges des plus anciens
souvenirs du monde. Diverses dans leur forme,
mais non opposées dans leur ensemble, elles proviennent sans nul doute d'un fonds originairement
commun; et si le texte de la Genèse, même au point
de vue purement historique, nous inspire à la fois
plus de confiance et de vénération, c'est que la date
antique de sa rédaction n'est pas douteuse, et que
nous avons en outre la certitude que depuis 3,500 ans
le texte du Pentateuque est resté pur de toute altération Mais nous n'avons pas moins lieu de regretter
la perte totale ou partielle des écrits dans lesquels
d'autres peuples de l'Asie occidentale, particulièrement les Assyriens, les Babyloniens et les Phéniciens, frères aînés de la tribu hébraïque, avaient
consigné les mêmes faits avec des développements ou
des circonstances que le législateur hébreu n'a dû ni

voulu faire entrer dans le texte rapide de sa narra-
tion.

Dans les historiens de l'Arménie, de même que
dans la Genèse, toutes les nations du Nord (par rapport aux Sémites des plaines de l'Euphrate) descendent de Japhet; et le père direct du peuple arménien
est Thorgoma, le Tôgarmah de la Bible. Seulement
la tradition arménienne fait de Thorgoma un fils de
Thiras, frère de Gômer, et non le fils de Gômer lui-
même. Thorgoma a pour frères Riphath et Ascénez.
Celui-ci, qui était l'aîné, avait primitivement régné
sur les Sarmates, qui semblent ici ne faire qu'un
avec les Arméniens; car, ajoute l'historien, Thorgoma ayant par la suite reçu de son père les peuples
qui avaient été d'abord le partage d'Ascénez, leur
donna son nom (1). Or nous savons que le nom de
Thorgoûm ou *Thorgomatsi*, Maison de Thorgoma,
est en effet celui que se donnent fréquemment non-
seulement les Arméniens, mais aussi les Géorgiens
leurs voisins du Nord.

Nous rapportons les termes de ces antiques monuments; et sans doute nous n'avons pas besoin d'a-
jouter que ces prétendues généalogies individuelles
ne sont que l'emblème transparent des plus anciens
faits ethnologiques dont la mémoire des hommes ait
gardé le souvenir : — filiations de peuple à peuple,
de tribu à tribu, migrations, établissements, domi-
nations fondées par la conquête, et avec elle le nom

(1) Jean Catholicos, ch. 4 et 6. Comp. Saint Martin, *Mémoires
sur l'Arménie*, t. I, p. 256.

de la tribu dominatrice imposé aux populations sub-
juguées. Rien de plus commun que ces événements
dans l'histoire de tous les peuples non sédentaires de
l'intérieur de l'Asie, et même dans l'histoire des peuples du nord de l'Europe avant le règne du christianisme et l'établissement définitif des États modernes.
Et comme la vie des peuples à l'état nomade se montre
invariablement circonscrite dans un certain ordre de
faits toujours semblables, on peut dire avec certitude que les accidents de cette nature dont l'histoire
positive nous donne connaissance ne sont que la
répétition exacte de ceux qui se perdent dans les
nuages de la tradition, ou qui s'enveloppent dans
l'expression symbolique des premiers récits formu-
lés par la poésie héroïque ou par la poésie reli-
gieuse.

Les noms de Japhet, d'Askhenaz et de Thorgoma
planent ainsi, à demi éclairés d'une lueur douteuse,
sur les plus anciennes origines de la région du Caucase ; mais c'est à un autre nom, au nom de *Haïg*,
que vont se rattacher plus immédiatement les origines arméniennes. Selon les vieilles chroniques khaldéennes suivies par Moïse de Khorène et par Jean
Catholicos, Haïg était fils de Thorgoma ; et cependant on le faisait venir du Sud, du pays de Babylone,
s'établir avec une colonie nouvelle dans la contrée
de l'Araxe. La chronologie commune place cet événement vingt-deux siècles environ avant l'ère chrétienne ; mais en réalité on ne peut voir dans cette
indication que le vague souvenir d'un fait très-ancien,

sans qu'aucune base quelque peu certaine nous permette d'y accoler une date même approximative.

« Haïg, disaient les chroniques, était distingué par sa beauté, sa vaillance et sa force gigantesque (1). Il est connu qu'il était avec les énormes géants qui convinrent, dans un conseil impie, d'élever un monument colossal de leur arrogance (2)... Après qu'ils eurent reçu le châtiment dû à leur entreprise impie, Niéprouevth, ou Nembroth, qui est le même que Pel, s'éleva avec insolence et forma sa monarchie en soumettant à sa puissance les autres hommes et même les géants. Notre Haïg ne put supporter la domination de Pel; en conséquence il vint se fixer dans notre patrie avec son fils Aramaniéak, qui était né à Babylone (3), et avec ses filles, ses petits-fils, ses serviteurs et tous ceux qui voulurent se joindre à lui. Nembroth se mit à la poursuite de Haïg avec son armée, composée d'hommes courageux armés de flèches, d'épées et de lances; il l'atteignit dans une plaine située au milieu d'une petite vallée, où ils se livrèrent un combat qui répandit partout la crainte

(1) On serait tenté de penser que le nom de *Haïg* a de l'analogie avec le titre de *Kaï* attribué à la seconde dynastie des temps fabuleux de l'histoire persane, et que comme ce dernier c'était une qualification exprimant la valeur, la force physique. *Ké* ou *Kaï* a en pehlvi la signification de *grand*, de *géant*; en arménien *skaï* se prend dans le même sens. Volney, *Recherches nouvelles sur l'histoire ancienne*, t. II, p. 203. 1814.

(2) La Tour de Babel de la Genèse.

(3) Comp. Alex. Polyhistor, dans l'Eusèbe arménien trad. par le P. Zohrab, c. 3, p. 16. Mediol. 1818, in-4°.

et la terreur. Enfin Haïg, saisissant son arc et une
flèche triplement empennée, dirigea le trait contre
l'armure de fer de Nembroth, qu'il frappa entre les
deux épaules. Haïg, après cela, s'occupa à cultiver
et à fertiliser la terre ; il gouverna comme un père,
et avec tant de bonté que le pays prit de lui le nom
de *Haïk'h*. Ce prince fonda ensuite une quantité
considérable de villes et d'habitations ; puis il mourut après un grand nombre d'années et confia notre
pays à son fils Aramaniéak. Celui-ci fixa sa demeure
dans une magnifique plaine qui était environnée de
tous côtés par les hauts sommets de montagnes couvertes de neige et arrosée par beaucoup de fleuves
rapides qui divisaient en plusieurs parties toute son
étendue. Il fit bâtir une habitation dans l'une des
vallées des montagnes situées vers le nord. Cette
chaîne de montagnes fut appelée de son nom *Ara-
gadz*, et la contrée située au pied fut nommée-Ara-
gadzodn (1). Aramaniéak eut ensuite un fils nommé
Armaïs, et quelques années après il mourut. Armaïs
fonda une ville et un palais dans la même vallée sur
une colline située au bord du Iéraskh (l'Araxe). Il
l'orna de monuments de pierre admirables et la
nomma *Armavir* (2). Amasia, fils d'Armaïs, habita

(1) Canton de la province d'Ararad, sur la rive gauche ou septentrionale de l'Araxe. Voy. Saint-Martin, *Mémoires sur l'Arménie*, t. II, p. 417, et t. I, p. 26.

(2) Armavir fut longtemps la capitale de l'ancienne Arménie.
Elle était assise sur la gauche de l'Araxe, à l'O. de la ville actuelle
d'Erivan. Il en reste à peine quelques vestiges. Saint Martin,
Mémoires sur l'Arménie, t. I, p. 123 ; Dubois de Montpéreux,

d'abord Armavir comme son père, mais ensuite il se
fit bâtir une habitation du côté du Midi, au pied
d'une chaîne de montagnes; il donna à ces montagnes le nom de *Masis* (1), et la vallée qui est à leur
pied s'appela la province de *Maseatsodn*. Quelques
années après il engendra Kegham, et il mourut ensuite. Kegham partit de sa résidence et marcha vers
le nord-est, où il trouva d'autres montagnes. Quand
il fut arrivé dans cet endroit, il fonda un bourg et
un palais sur les bords d'un lac. Les montagnes furent appelées *Kegham*, de son nom, et la contrée
située sur le bord du lac fut nommée Keghark'houni.
Kegham eut deux fils, Harma et Sisag. Il ordonna à
Harma d'aller habiter à Armavir et de gouverner le
pays de ses pères. Il donna pour demeure à Sisag
tout le pays qui s'étend depuis le rivage sud-est du
lac dont j'ai parlé jusqu'à une plaine traversée par
l'Araxe qui y tombe dans un gouffre (2). Après avoir

Voyage autour du Caucase, t. III, p. 419. Toutes les localités qui
viennent d'être mentionnées sont situées dans la partie centrale
de la vallée de l'Araxe, au cœur même de l'Arménie.

(1) Sur l'étymologie probable de cette appellation, voyez ci-
dessus, p. 3, note 3.

(2) Le lac dont il s'agit est celui de *Sévan*, vaste nappe d'eau
à l'E. d'Erivan. Le pays de Sisag est la province de *Sisagan*, ou
Siounikh, qui s'étend vers le S. jusqu'à l'Araxe. La chute de l'A-
raxe dont il est fait mention est aujourd'hui connue sous le nom
d'*Arasbar*, à quelque distance au-dessous d'Ourdabad. Ces rapides, qu'un voyageur récent a décrits, marquent sur ce point
l'escarpement oriental du plateau arménien. Voy. Saint-Martin,
Mém. sur l'Arm., I, 207; et Dubois de Montpéreux, *Voy. aut. du
Cauc.* IV, 43.

passé par des gorges étroites et difficiles, le fleuve atteint là, entre des rochers, une ouverture étroite qui est appelée aujourd'hui, à cause du bruit, *Kharavaz*. Kegham retourna ensuite dans cette vallée, et il y fonda une grande habitation fort belle qu'il nomma *Keghami*, et qui dans la suite fut appelée *Karhni*, du nom d'un certain Karhnik (1). Kegham mourut après cela. Harma donna le jour à Aram, et mourut quelques années après. L'histoire rapporte qu'Aram fit beaucoup de belles actions et d'exploits guerriers : ses vastes conquêtes agrandirent l'Arménie de tous les côtés. Par son bouillant courage il subjugua tous les peuples nos voisins, qui, depuis ce temps-là, nous ont de son nom appelés Arméniens (2). »

Ici se termine cette partie des traditions originelles de l'Arménie, relatives à la première population du pays, aux premiers noms qu'il a portés et à la fondation de ses plus anciennes villes. Les récits qui viennent ensuite ont un autre caractère et appartiennent à des époques très-postérieures, accessibles à notre chronologie. Il ne s'agit plus maintenant que des luttes des princes de la maison de Haïg contre Sémiramis, cette reine célèbre de l'Assyrie dont le

(1) On en voit encore les ruines, qui conservent le nom de *Karhni*. Dubois de Montpéreux, voyage cité, t. III, 386; Saint-Martin, *Mém. sur l'Arm.*, t. I, p. 145.

(2) Jean Catholicos, *Hist. d'Arménie*, ch. 8. Comp. Saint-Martin, *Mém. sur l'Arménie*, t. I, p. 205 et 259. Sur l'étymologie véritable du nom de l'Arménie, voyez ci-dessus, p. 33.

nom est resté attaché à quelques-uns des monuments les plus anciens et les plus remarquables de l'Arménie méridionale (1) ; de la soumission définitive de l'Arménie aux souverains d'Assour, jusqu'à l'époque où la chute de cette antique monarchie, au milieu du huitième siècle avant notre ère, rendit l'indépendance aux princes haïghaniens ; puis de la conquête de l'Arménie par les lieutenants d'Alexandre dans le quatrième siècle, de la destruction définitive de la dynastie haïghanienne qui en fut la suite, de la période des Séleucides, dont l'autorité s'étendit sur la plus grande partie des pays du Caucase, et enfin de la conquête de Valarsace qui incorpora l'Arménie à l'empire des Parthes vers le milieu du deuxième siècle, et en fit bientôt après un royaume distinct sous une des quatre branches collatérales de cette puissante famille d'Askhân. La période de seize siècles au moins que remplit cette longue série d'événements a un caractère tout historique, et n'appartient pas, conséquemment, à l'ordre de nos recherches.

(1) Voyez l'intéressante Notice que M. Saint-Martin donna en 1828, au sein de l'Académie des Inscriptions, des découvertes archéologiques que le voyageur Schulz venait de faire à Van ; *Journal des Savants*, 1828, p. 451.

§ II.

Traditions des Géorgiens. — Chronique du roi Vakhthang.

En étudiant les sources de l'ancienne histoire de l'Arménie, nous ex primions tout à l'heure le regret qu'aucun des monuments des premiers temps de cette histoire ne nous fût arrivé dans sa forme originale, avant que les traditions purement nationales se fussent modifiées sous l'influence des traditions bibliques introduites par le christianisme. Voici que les documents historiques d'un peuple plus profondément enfoncé dans les gorges du Caucase, et plus éloigné ainsi que ne l'ont été les Arméniens du contact des autres nations, vont remplir, au moins en partie, la lacune que nous déplorions. Non pourtant que les anciennes annales de la Géorgie aient été complétement exemptes des altérations que l'influence chrétienne a fait éprouver aux annales de l'Arménie ; mais cette influence paraît y avoir été moins exclusive et avoir respecté beaucoup plus les traditions locales. Aussi répandent-elles un beaucoup plus grand jour non seulement sur l'histoire primitive de la Géorgie proprement dite, mais sur l'ensemble des origines caucasiennes. On a vu quelles précieuses lumières les vieilles traditions géorgiennes nous ont déjà fournies pour l'explication des notions bibliques sur l'ethnographie du Caucase au dix-septième siècle avant notre ère.

Le corps d'annales principal où sont consignés ces antiques souvenirs traditionnels des populations de la vallée du Koûr, est à la vérité d'une rédaction moderne; c'est le roi Vakhthang V qui lui donna sa forme actuelle, au commencement du dernier siècle. Mais les matériaux en sont tirés d'une suite de chroniques successivement rédigées d'époque en époque par différents auteurs, et de documents conservés dans les deux plus anciens monastères de la Géorgie, notamment dans celui de Mtskétha qui subsiste sur les ruines de l'antique métropole de ce nom, ville dont la fondation remonte, nous le savons, aux premiers temps de la monarchie géorgienne (1). Il est reconnu que la Géorgie avait une écriture à elle, et conséquemment une littérature plus ou moins développée, plusieurs siècles avant J.-C. (2). C'est au célèbre Klaproth, dont les voyages et les travaux philologiques restent encore aujourd'hui la source la plus abondante de renseignements originaux sur le Caucase, que l'Europe doit la connaissance de cette chronique du roi Vakhthang (3).

(1) J. Klaproth, dans le *Nouveau Journal Asiatique*, t. XII, 1833, p. 518. Comp. Saint-Martin, dans le *Journal des Savants*, 1831, p. 84.

(2) Brosset, dans le *Nouv. Journ. Asiat.*, t. I de la 3e série, 1836, p. 205.

(3) M. Klaproth eut communication de cette Chronique à Tiflis, et en fit traduire avec beaucoup de soin la première partie par un Arménien instruit; le temps ne lui permit pas de la

Nous allons transcrire le texte même de ce curieux document ; nous nous attacherons ensuite aux conséquences ethnographiques qui nous paraissent en ressortir.

« Suivant les plus anciennes traditions, les Arméniens, les Géorgiens, les habitants de Rani (1), de Movak'ani (2), de H'erthi (3), les Lesghi, les Mingréliens et les K'avk'asiens, proviennent d'une même souche, qui était Thargamos. Ce Thargamos était fils de Tharchis, fils d'Avanan, fils de Japhet, fils de Noé (4) ; c'était un homme vaillant.

» Après la confusion des langues, Nebrod était sur le trône de Babylone et les hommes se disper-

faire traduire tout entière. Cette traduction avait été faite en russe ; Klaproth en donna en 1814 une version allemande dans la première édition de son Voyage au Caucase, et plus tard il en inséra une traduction française avec des notes dans le Nouveau Journal Asiatique, décembre 1833 et janvier 1834. M. Saint-Martin en avait déjà traduit la partie relative aux origines de la nation, dans ses notes sur l'histoire des Orpélians, *Mémoires sur l'Arménie*, t. II, p. 181 et suiv. 1819. Dans la transcription que nous en allons faire, nous profiterons des commentaires géographiques de ces deux savants ; mais nous avons aussi trouvé d'importants éclaircissements topographiques dans la précieuse *Description de la Géorgie* du prince Wakhoucht, déjà citée.

(1) L'Aran, ou province de Kara-Bagh, pays entre le Koûr et l'Araxe, immédiatement au-dessus de leur confluent.

(2) Les provinces de Chaki et de Chirvan, entre la partie inférieure du Koûr et les montagnes du Daghestan.

(3) La partie orientale de la province de K'akheth, entre l'Alazani et les montagnes du Daghestan.

(4) Dans cette filiation de la famille de Japhet, nous trouvons ici une modification analogue à celle des documents arméniens.

saient partout. Alors Thargamos s'expatria avec sa
famille et alla habiter le pays situé entre les montagnes d'Ararat et de Masisi (1). Sa postérité fut
grande et innombrable, car il avait beaucoup de
femmes, de fils et de filles, qui lui avaient donné
des petits-fils et des arrière-petits-fils. Il y vécut
pendant six cents ans ; mais ses descendants, qui
n'avaient plus de place entre les monts Ararat et
Masisi, s'étendirent dans toutes les contrées voisines.

» Les limites de leurs habitations étaient celles-ci :
à l'orient, ils avaient la mer de Gourgan, qu'on
appelle à présent la mer de Ghilan (2) ; à l'ouest, la
mer de Pontos, nommée actuellement la mer Noire ;
au sud, les montagnes d'Oréthi, dans le pays des
Kourth (3), vers Midia (4) ; au nord, le mont K'avk'as,
appelé par les Persans Ial-Bouz (5).

» Parmi les fils de Thargamos, huit se distinguè-
rent par leur force et leur bravoure ; c'étaient *Hhaos*,

(1) Les Arméniens ne les distinguent pas. Ils donnent le nom
de *Masis* au groupe gigantesque qui est à la droite de l'Araxe non
loin d'Erivan, et ils identifient cette montagne avec l'Ararat de
la Genèse. Mais le nom de Masisi n'étant qu'une appellation générique (voyez ci-dessus, p. 3) a bien pu s'appliquer originairement à plusieurs montagnes différentes.

(2) La Caspienne.

(3) Les Kurdes.

(4) La Médie.

(5) Iâl-Bouz (dont l'usage a fait Elbourz) n'est pas, selon la
remarque de M. Klaproth, un terme persan ; c'est un mot turk
composé, qui signifie *crinière de glace*,

K'arthlos, Bardos, Movak'an, Lek'os, Heros, K'avk'as et Egros.

» Ces huit frères étaient tous braves, mais Hhaos était le plus vaillant; personne ne l'a égalé, ni avant ni depuis le déluge. Il était d'une complexion forte et endurcie. Comme ses frères et leurs familles n'avaient plus de place entre l'Ararat et le Masisi, Thargamos partagea entre eux toutes les contrées adjacentes. Il donna la moitié de son peuple et la moitié du pays à *Hhaos;* il envoya les sept autres frères vers le nord, et leur distribua des contrées en proportion du mérite de chacun d'eux.

» Il établit *K'arthlos* dans la contrée bornée à l'est par le Héréthi et par la rivière Berdoudji (1), à l'ouest par la mer de Pontos, au sud par les montagnes qui s'étendent à l'occident de la rivière de Berdoudji, et dont les eaux, coulant vers le nord, vont se réunir au fleuve Mtk'vari (2). Entre ces rivières sont les montagnes K'lardjethi (3) et Thaosi (4); au nord s'élevait la montagne de Ghado, qui est une branche du Caucase, lequel commence à Ghado, appelé à présent Likho (5). Tout ce qui était com-

(1) Le Bortchalo ou Débété, affluent de la droite du Koùr, au S. de Tiflis.

(2) C'est la forme géorgienne du nom que, d'après les anciens Grecs, nous prononçons Koùr.

(3) Les montagnes de K'lardjethi, en arménien Gheghardjkh (prononcé Ghelardjkh) séparent le cours inférieur du bassin du Tchorok de la partie supérieure du bassin du Koùr.

(4) C'est la prolongation méridionale des précédentes.

(5) Il nous paraît tout à fait naturel, la carte physique du pays

pris entre ces limites fut le partage de K'arthlos (1).

» *Bardos* obtint ce qui était situé au sud du fleuve Mtk'vari, depuis la rivière de Berdoudji jusqu'au confluent du Mtk'vari avec le Rakhisi (2). Bardos y bâtit la ville de *Bardavi*, dans laquelle il habita (3).

» *Movak'an* reçut le pays situé au nord du Mtk'vari, depuis le confluent du Petit Alazani (4) jusqu'à la mer; il y fonda la ville de *Movak'anethi* (5), et y résida (6).

sous les yeux, de regarder cette désignation comme s'appliquant à la prolongation septentrionale des montagnes de K'lardjethi, formant la limite orientale de l'Imerethi; et non, comme le pense Klaproth, à des collines basses, sans connexion avec les précédentes, qui peuvent exister dans l'intérieur du pays vers la limite de l'Imerethi et de la Mingrélie. Le prince Wakhoucht, dans sa *Description de la Géorgie* (p. 265), est d'ailleurs formel à cet égard. Il en résulte que l'Imerethi, c'est-à-dire le bassin supérieur du Phase, était en dehors, et non en dedans du partage de Karthlos.

(1) Ce partage représente donc la Géorgie centrale ou Géorgie proprement dite, c'est-à-dire le Karthli, avec le Somkhethi et la province actuelle d'Akhaltsikhé.

(2) L'Araxe.

(3) Les limites assignées au partage de Bardos, au S. du Koûr à partir du Bortchalo, comprennent la partie orientale du Somkhethi et la partie du Kara-Bâgh comprise dans le bassin du Koûr. — La ville de Barda n'est plus qu'un chétif village connu sous le nom de Bardé, sur un affluent de la droite du Koûr; elle fut autrefois très célèbre dans l'histoire des pays du Caucase.

(4) Le Iori.

(5) Noukhi.

(6) Le partage de Movak'an est ainsi représenté par les deux provinces actuelles de Chaki et de Chirvan, entre le Koûr et les montagnes du Daghestan.

» A *Heros*, Hhaos accorda les contrées au nord du
Mtk'vari, depuis l'embouchure du Petit Alazani jusqu'à Tqetba (1). Heros construisit une ville entre
les deux rivières Alazani, et l'appela de son nom
Herethi. Ce lieu porte à présent le nom de *Kho-
ranta* (2).

» *Egros* reçut la contrée située sur la mer Noire,
et dont les limites étaient, à l'orient, les petites montagnes appelées actuellement Likhi, à l'ouest la mer
et la rivière du Petit Khazarethi (3), où finit le mont
K'avk'as. Il y fonda une ville qu'il appela de son
nom *Egrisi*, mais qui porte à présent celui de *Bedia* (4).

» Les pays caucasiens situés au nord n'avaient pas
été le partage de Thargamos, et personne n'y régnait. Comme ils n'avaient pas de maître et qu'ils
s'étendaient du mont K'avk'as au grand fleuve (5)

---

(1) Tqetba signifie Lac de la Forêt. C'est l'ancien nom de Goulgouli, bourg situé dans la vallée de Goudos-khevi, dont la rivière se jette dans l'Alazani supérieur. Elle faisait autrefois la
frontière entre le Herethi et le Kakhethi.

(2) On suppose que c'est aujourd'hui Samoukhi, ville du Kakhethi. Le partage de Heros est représenté par la partie principale de cette dernière province.

(3) M. Klaproth pense que ce doit être le bas Kouban, où la
chaîne du Caucase vient en effet se terminer au N.-O.

(4) Bedia est une ville de l'Odikhi, sur la gauche du fleuve
Egrisi, à l'E. du fort Ilori. — Le partage d'Egros comprit donc
l'Imerethi, le Gouriel, la Mingrélie, l'Odikhi, l'Abkhasethi, et
l'Adighé, ou Circassie maritime.

(5) M. Klaproth pense que c'est le Volga.

qui se jette dans la mer de Daroubandi (1), il choisit
parmi tant de braves ses deux fils *Lek'os* et *K'avk'as*,
et donna au premier le pays entre la mer de Daroubandi et le fleuve Lomeqi (2), et au nord jusqu'au
fleuve du Grand Khazarethi (3). A *K'avk'as* il donna
le pays entre le Lomeqi et l'extrémité occidentale du
mont Caucase (4).

« Quant à *Hhaos*, il resta dans l'ancien pays de son
père Thargamos, et occupa les parties mentionnées
ci-dessus, qui étaient bornées au sud par les monts
Orethi, à l'est par la mer de Gourgan et à l'ouest
par le Pont. Il régna sur ses sept frères, et fut leur
chef; ils étaient soumis à ses ordres et parlaient tous
la même langue, savoir, le somkhouri (5). Néanmoins
ces huit braves étaient sujets de Nébrod, qui était
le premier roi de tous les habitants de la terre. Après
quelques années, Hhaos appela à lui les sept braves
et leur dit : « Le Dieu très-haut nous a donné de la
» puissance et des peuples nombreux; nous ne de-
» vons donc être sujets que de Dieu, et non pas les
» esclaves de qui que ce soit. Nous ne devons obéir
» qu'à Dieu. » Les sept braves se rangèrent de son

(1) Ou Derbend. C'est la mer Caspienne.
(2) Nom géorgien du Terek.
(3) Voyez page précédente, note 5. Peut-être ne s'agit-il que de
la Kouma. Quoi qu'il en soit, le partage de Lek'os comprit tout le
Daghestan, qui est en effet le pays des Lesghis, et une portion
des steppes qui s'étendent au nord le long de la mer Caspienne.
(4) La Kabardah.
(5) C'est-à-dire l'Arménien. Somekhi, ou Gens du Midi, est le
nom que les Géorgiens donnent aux Arméniens.

avis, refusèrent d'être soumis à Nébrod et ne lui
payèrent plus tribut. Nébrod, courroucé de leur
conduite, rassembla ses héros et ses guerriers, et
marcha contre Thargamos. Hhaos appela à lui les
plus vaillants, ainsi que tous les Thargamosiens, et
des troupes auxiliaires prises parmi les familles qui
habitaient plus à l'occident. Quand toute son armée
fut réunie, il resta au pied du mont Masisi. Nébrod,
arrivé dans le pays d'Adrabadagani (1), y campa et
envoya soixante de ses plus braves, à la tête d'une
armée innombrable, contre les Thargamosiens. A
l'approche des troupes de Nébrod, les sept frères de
Hhaos allèrent à leur rencontre avec une partie de
son armée. Hhaos resta en arrière avec l'élite de ses
troupes; une bataille terrible, semblable à un ou-
ragan, eut lieu. La poussière qui s'élevait sous les
pieds des combattants formait un nuage épais. L'é-
clat de leurs cuirasses ressemblait aux éclairs du ciel;
la voix de leur bouche au bruit du tonnerre; les
flèches et les pierres lancées tombaient comme la
grêle, et le sang coulait comme un torrent gonflé.
Le massacre dura longtemps, et d'innombrables vic-
times tombaient de chaque côté. Cependant Hhaos,
avec ses braves, se trouvait derrière les siens et les
soutenait; d'une voix puissante il les excitait au combat, et leurs coups ressemblaient à ceux de la foudre.
Enfin la victoire se déclara pour les Thargamosiens,
qui tuèrent les soixante chefs et tous les guerriers
de Nébrod, tandis que les sept chefs des Thargamo-

(1) L'Aderbaïdjan.

siens, Khartlos, Bardos, Movak'an, Heros, Lek'os, K'avk'as et Égros, restèrent en vie sans être même blessés. Ils rendirent grâces à Dieu, qui leur avait accordé la victoire. Nébrod, instruit de ce désastre, devint furieux et se porta avec toutes ses forces contre eux. Hhaos, qui n'avait pas autant de troupes que Nébrod, se retira dans les vallées profondes du Masisi, et Nébrod campa au pied de cette montagne. Armé de pied en cap d'une cuirasse de fer et de cuivre, il monta sur une hauteur pour parler à Hhaos; il l'invita à rentrer dans l'obéissance et à se soumettre derechef à lui. Hhaos dit alors aux siens : Tenez-vous derrière moi quand je m'approcherai de Nébrod. Il courut sur lui et lui lança une flèche qui pénétra la cuirasse de Nébrod et lui sortit par le dos. A la chute de Nébrod, ses troupes s'enfuirent et ne pensèrent plus à attaquer les Thargamosiens. Hhaos se fit donc roi et régna sur ses frères et sur tous les peuples qui habitaient dans son voisinage. Les sept frères retournèrent dans leurs pays et furent les vassaux de Hhaos.

» Khartlos, qui avait obtenu la contrée indiquée plus haut, se rendit à l'endroit où la rivière Aragvi se jette dans le Mtk'vari, et y bâtit le premier château, qui devint sa résidence, sur une montagne appelée *Armazi*; il la nomma d'après son nom *Karthli* (1),

(1) Cette ville était située dans une étroite vallée à la droite ou au S. du Koûr, un peu au-dessus de Mtskhetha, ou du confluent de l'Aragvi. Cette vallée porte encore le nom traditionnel de vallée de Karthlos, *Karthlis-khévi*; un village y garde le nom d'*Ar-*

de sorte que cette montagne porta ce dernier nom jusqu'à ce qu'on y eût élevé l'idole Armazi. Plus tard le mont Karthli donna son nom à toute la Géorgie, et tout le pays depuis Khounani jusqu'à la mer (ou au lac) de *Sber* (1) fut appelé Karthli. Plus tard, Karthlos bâtit la forteresse d'*Orbisi*, nommée à présent Samchvildé (2), puis une autre nommée *Mtk'varistsikhé*, à présent *Khounani* (3). Il vécut de longues années, et son peuple s'accrut considérablement. Parmi ses fils il y avait cinq héros, *Mtskethos, Gardabos, K'oukhos, K'akhos* et *Gatchios*. Mtskethos était le plus vaillant de tous. Quand Karthlos mourut, ils l'enterrèrent sur la montagne Karthli, appelée à présent Armazi. Plus tard, sa femme construisit la forteresse *Déda-tsikhé* et *Bostan-Kalaki*, nommée

maza. Voyez la *Description de la Géorgie* du prince Wakhoucht, p. 195.

(1) Ce nom rappelle celui d'*Ispir*, et nous porte ainsi vers la partie supérieure du bassin du Tchorokh ; mais on n'y connaît aucun lac assez remarquable pour justifier la désignation qu'en fait la chronique ; et on est porté à croire, avec M. Klaproth, qu'il s'agit du Pont-Euxin, dont en effet on est ici très-voisin. Cette identification cesserait même de pouvoir faire l'objet d'un doute, s'il était certain que les *Saspires* d'Hérodote, qui sont évidemment les habitants du pays de Sber ou d'Ispir, ne forment qu'un seul et même peuple avec les *Tibares*, que tous les auteurs anciens, depuis l'époque la plus reculée jusqu'à Strabon inclusivement, ont connus à l'angle sud-est du Pont-Euxin. Voyez ci-dessus, p. 57. Comp. la *Géorgie* du prince Wakhoucht, p. 71.

(2) Ville et forteresse sur la rivière de Ktzia, affluent de la droite du Koûr, dans le S.-O. de Tiflis.

(3) Sur la droite du Koûr, au confluent de la Ktzia. Les Turks nomment cette place forte Kis-Kaléh.

actuellement *Roustavi* (1). Elle partagea le pays entre les cinq vaillants fils de Karthlos. Elle donna à *Gardabos* Khounani : ses possessions s'étendaient à l'est jusqu'à la rivière Berdoudji ; à l'ouest, jusqu'à la ville de Gatchiani ; au sud, jusqu'à la montagne qui a été mentionnée (2) ; au nord, jusqu'au fleuve Mtk'vari. *Gatchios* reçut la forteresse Orbisi et le pays depuis la rivière Sk'virethi jusqu'au commencement d'Abotsi. Gatchios y fonda la ville de *Gatchiani*, qu'il appela Sanadiro-kalaki (3). *K'oukhos* eut Bostan-kalaki, à présent Roustavi, et le pays entre l'Aragvi et l'Érethi, et entre la haute montagne de K'akhethi et le Mtk'vari (4). *K'akhos* obtint la contrée entre le K'avk'as et les monts K'akhethi, depuis l'Aragvi jusqu'à Tqetba, à la frontière d'Érethi. K'akhos y bâtit *Tchelthi* (5), à l'aide de K'oukhos, et y établit sa résidence. Pour récompenser K'oukhos il lui donna *Ber*, à la frontière du K'akhethi. *Mtskhethos*, qui était le plus puissant des cinq frères, resta dans le lieu qu'avait habité son père Karthlos et qu'on

(1) Ces lieux sont au S. du Koûr, dans le Somkhethi.

(2) Dans le partage de Karthlos, ci-dessus, p. 82.

(3) Près de la droite de la Ktzia, à une dizaine de lieues (de nos lieues communes de 25 au degré) de son confluent dans le Koûr. Voyez sur cette localité Wakhoucht, *Description de la Géorgie*, p. 145 ; *add.* p. 179.

(4) C'est le pays entre le Iori et le Liakhvi.

(5) La ville de *Tchelthi* (et non *Tchelti* comme l'écrit Klaproth, sans doute par une faute d'impression) était située sur une rivière du même nom, affluent gauche de l'Alazani. — K'akhos régna sur le K'akhethi septentrional de nos jours, au S. jusqu'à Goulgouli et au delà de Thélavi.

nomme à présent Armazi; il fonda, à l'endroit où l'Aragvi se réunit au Mtk'vari, une ville qu'il appela d'après son nom *Mtskhetha*. Il régna sur le pays de *Tbilisi* (1) et de l'Aragvi, à l'ouest jusqu'à la mer de Sber, et il fut le souverain de ses quatre frères, qui lui étaient soumis (2). Tel fut le partage du pays entre les cinq fils de Karthlos, ainsi qu'il fut fait après sa mort par son épouse.

» Le fils aîné de Karthlos vécut beaucoup d'années et son peuple s'augmenta. Parmi ses fils il y avait trois hommes valeureux nommés *Oup'hlos*, *Odzkhros* et *Djavakhos*; il partagea entre eux ses peuples et ses possessions. A Odzkhros, il donna le pays de *Thasis-k'ari*, hérissé de rochers jusqu'à la mer de Sber. Odzkhros y construisit deux villes,

(1) Ce nom n'a pu être employé par le rédacteur de la chronique que par anticipation, puisque l'on sait que Tiflis, à laquelle cette désignation se rapporte, n'a été bâtie qu'à une époque beaucoup plus récente; à moins toutefois qu'on ne veuille supposer que le territoire où la moderne capitale de la Géorgie s'éleva dans le cinquième siècle de notre ère, n'eût porté beaucoup plus anciennement ce nom de *Tb-lisi*, dérivé des sources thermales qu'il renferme (c'est la signification du mot).

(2) Mtskéthos, l'aîné et le plus puissant de ses frères, régna sur le pays situé des deux côtés du Koûr central et supérieur jusqu'aux sources du fleuve, sur le territoire qu'arrose le Tchorokh, et sur le pays maritime compris entre le bassin du Tchorokh et le Pont Euxin ou mer de Sber. Nous avons montré dans le chapitre précédent l'identité de *Mtskhéthos* avec le *Meschekh* de la Bible et le pays de *Moskh* ou la *Meskhie* des auteurs grecs; de même qu'Oup'hlos, fils de Mtskhéthos, et le *Toubal* de l'Écriture et le *Tibar* des géographes classiques.

Odzkhré et *Toukharisi* (1). Djavakhos obtint le pays
entre P'haravani et le Mtk'vari supérieur ; il y fonda
les deux villes de *Tzounda* et d'*Arihani* : la première
se nommait alors *Kadjthi-kalaki* (la ville des Aveu-
gles), et on l'appelle à présent *Houri* (2). *Oup'hlos* resta
dans les États de son père, qui s'étendaient depuis
l'Aragvi et Tbilisi jusqu'à Thasis-k'ari et P'haravani.
Il y construisit *Oup'hlis-tzikhé* (la forteresse d'Oup'-
hlos), *Ourbnisi* et *Kaspi* (3). Il donna le nom de
Zémo-Karthli (4) au pays qui s'étendait depuis
l'Aragvi et Armazi jusqu'à Thasis-k'ari et qu'on
appelle à présent Chida-k'arthli.

» C'est ainsi que le peuple des Thargamosiens
vécut jusqu'à la mort de Mtskhéthos en paix et en

(1) *Odzkhé*, ou *Oîzrakhé*, est une ville maintenant ruinée de
la province de Samtzkhé (l'ancienne Meskhie) à cinq lieues environ dans le N.-O. d'Akhaltzikhé. Quant à la seconde place nommée par la Chronique, les écrivains arméniens font en effet souvent mention d'une ancienne forteresse appelée *Toukhars*, qui
existait dans la province arménienne de Daïk'h, sur un affluent
de la droite du Tchorokh. Elle est aussi mentionnée par le prince
Wakhoucht dans sa *Description de la Géorgie*.
(2) Le prince Wakhoucht nomme cette ville *Dzouna*, et donne
sur les différents noms qu'elle a portés des détails qui s'éloignent
un peu de ceux de la Chronique. *Dzouna* est sur la rive gauche
de la Djavakhethi, qui est une branche supérieure du Koûr, au-
dessous d'Akhal-K'alak'hi. Le nom d'*Artan* est resté à une église,
ou, comme nous disons, à une paroisse du même canton. Wakhoucht, *Descr. de la Géorgie*, p. 99. Le pays attribué à Djavr-
khos porte encore le nom de *Djavakhethi*.
(3) Les trois localités citées sont près de la gauche du Koûr,
dans la partie centrale de la Géorgie.
(4) Karthli supérieur.

affection mutuelle. Leur seule crainte était que les
adhérents de Nébrod ne vinssent pour venger son
sang, et c'est pour cette raison qu'ils s'occupèrent
avec ardeur de fortifier leurs châteaux et leurs places
fortes. Cependant à la mort de *Mtskhethos*, fils de
Karthlos, les autres fils de ce dernier se désunirent
et commencèrent à se disputer entre eux. Ils ne furent plus soumis à *Oup'hlos*, fils de Mtskhethos, et
ne voulurent plus le reconnaître comme leur suzerain, quoiqu'il fût assis sur le siége de Karthlos et
que son père lui eût transmis la domination. C'est
ainsi que les Karthlosiens commencèrent à se que-
reller, de sorte que souvent deux familles combat-
tirent contre une troisième, qui reçut à son tour du
secours des autres; et la désunion se propagea de
plus en plus. Souvent la paix fut rétablie, mais
bientôt les dissensions recommençaient de nouveau.
Il n'y avait plus alors d'hommes distingués et opu-
lents parmi eux, et dans chaque lieu habité il y avait
un autre *thavadi* (1). Celui qui régnait à Mtskhethi
était pourtant regardé comme le supérieur de tous;
mais il ne portait pas le titre de *mép'hé* (2), ni celui
d'*aristhavi* (3) : on l'appelait simplement *mama-
sakhli* (4). Il était chargé de rétablir la paix et d'être
l'arbitre de tous les Karthlosiens. La ville de *Mtskhe-*

(1) Chef ou prince.
(2) Roi.
(3) Chef du peuple.
(4) Père de la Maison.

tha, qui était la plus grande du pays, porta le titre de *Déda-k'halak'hi* (1).

» Les Karthlosiens oublièrent alors Dieu, le créateur; ils adorèrent le soleil, la lune et les cinq planètes, et leur serment le plus sacré fut par la tombe de Karthlos... »

§ III.

Remarques ethnographiques.

Arrêtons-nous à ce point de la Chronique où finissent ce qu'on peut nommer proprement les *traditions primitives* de la nation géorgienne : ce qui vient ensuite a encore un grand intérêt pour les origines caucasiennes, et nous le reprendrons ci-après; mais cet intérêt est d'un autre ordre et porte sur des événements qui ne touchent à la race que par sa circonférence extérieure, si l'on peut s'exprimer ainsi, au lieu que tout ce qui précède nous fait en quelque sorte assister à l'organisation intérieure de la race elle-même lors de son établissement au pied du Caucase.

Voyons s'il n'est pas encore possible, sous la forme emblématique dont s'enveloppent ces traditions des premiers âges, et en les rapprochant des notions positives que nous fournissent l'histoire et les observations des voyageurs, de déterminer la valeur ethnographique de cet antique document.

Rapproché des premiers chapitres de l'histoire des

(1) La Métropole, littéralement Ville-Mère.

Arméniens, ce document montre assez que les origines des deux peuples se rattachaient à un fonds
commun, qui se retrouve également dans les tra-litions
primordiales des populations voisines, Araméens,
Sémites, Khaldéens, Assyriens, Iraniens. Puis les
traditions se localisent; et tandis que les populations
de la vallée de l'Araxe ne connaissent plus que les
descendants immédiats de Haïg, le fondateur de la
monarchie arménienne, les habitants de la vallée du
Koūr concentrent leurs souvenirs traditionnels sur
Karthlos, frère de Haïg et premier chef de la race
géorgienne.

Ainsi le premier fait, le fait dominant dont on est
frappé d'abord dans ces vieux souvenirs des temps
héroïques du Plateau Caucasien, c'est l'identité originaire de ses diverses populations. Non-seulement
les peuples du Plateau et ceux des montagnes qui le
couronnent, Arméniens, Géorgiens, Lèkhes ou
Lesghis, Caucasiens, Mingréliens, Souanes ou Lazes,
et nombre d'autres tribus des hautes vallées, sont
tous donnés comme issus d'un père commun, Thargamos, et réunis sous la commune appellation de
Thargamossiani; mais il est dit en termes exprès
que tous ne parlaient originairement qu'un seul et
même idiome, le *somkhouri*, nom qui signifie « la
langue du Midi » et qui désigne l'arménien.

Cette indication de la Chronique semble directement contraire à l'opinion généralement reçue que
le géorgien constitue, par ses formes grammaticales
comme par son vocabulaire, un idiome particulier

qui diffère de toutes les langues connues. Tels sont
les termes dans lesquels le célèbre Klaproth lui-même
en parlait encore il y a vingt-cinq ans à peine (1). Mais
depuis lors les idées se sont beaucoup modifiées à
cet égard. Une étude plus attentive et une analyse
plus approfondie de l'idiome du karthveli ont fait.
reconnaître à M. Brosset jeune un grand nombre de
rapports fondamentaux jusqu'alors inaperçus entre
cet idiome et l'arménien (2); et sans nul doute ces
rapports, soit dans les mots, soit dans les formes, se
multiplieront à mesure que la connaissance du géorgien se répandra davantage parmi les linguistes de
l'Europe. C'est ainsi que l'arménien lui-même est
sorti de son isolement depuis qu'on a pu le mieux
étudier, et que ses liens de parenté originaire avec
la grande famille des langues hindo-celtiques ont
dès lors été établis avec une complète évidence. On
peut dès à présent affirmer qu'il en doit être de même
du géorgien.

Donc sur ce point important la tradition consignée
dans la Chronique est d'accord avec les faits :

*Les Géorgiens et les Arméniens ne sont que deux
fractions depuis longtemps séparées d'une même
race, et cette race appartient à la famille hindo-
celtique.*

(1) *Voyage au Caucase*, trad. fr., t. II, p. 518. Klaproth reconnaît cependant que le géorgien « offre plusieurs ressemblances
avec les langues de la source indo-germanique. »

(2) Aperçu général de la langue géorgienne; dans le *Nouveau
Journal Asiatique*, t. XIV, 1834, p. 370, 374 et suiv. Comp.
t. XI, 1833, p. 396 et 414.

Cet accord fondamental est un préjugé favorable pour l'exactitude des autres indications ethnographiques de la Chronique géorgienne. Quelques-unes sont d'ailleurs immédiatement vérifiables. Ainsi l'on sait depuis longtemps que non-seulement l'idiome du Kakhethi, mais ceux qui se parlent dans l'Iméréthi, la Mingrélie et le Gouriel, ainsi que parmi les Souanes, les Lazes et les Abkhases, ne sont que des dialectes plus ou moins altérés du géorgien pur, conservé principalement dans les cantons montagneux du nord-est du Karthli (1); or, cette ramification glossographique est exactement conforme à l'énumération que fait la Chronique des fils et des petits-fils de Karthlos, c'est-à-dire, évidemment, des divisions originaires et des subdivisions de la race karthlosienne selon ses divers établissements dans les grandes vallées du Caucase. Nous trouvons donc encore ici, sous cette forme de généalogies commune aux plus anciennes annales de tous les peuples, un fait ethnologique indubitable :

Toutes les populations du Caucase au nord de l'Araxe, entre le Pont-Euxin et la mer Caspienne, ne furent originairement que des ramifications de la race géorgienne.

Si quelques-unes des tribus actuelles des hautes vallées du Caucase, notamment les Lesghi riverains de la mer Caspienne, diffèrent aujourd'hui assez

_____

(1) *Ibid.*, t. XIV, p. 373. Comp. Klaproth, dans l'Appendice de son *Voyage au Caucase*, trad. fr., t. II, p. 511, et pour l'abkhase, p. 417.

profondément des Géorgiens, par la langue et même
par le type physique, pour qu'on ait dû en former
autant de groupes distincts du groupe karthlosien (1),
cela tient à plusieurs causes subséquentes, les unes
historiquement connues, les autres physiologique-
ment appréciables. Une foule d'exemples, fournis
par l'étude de tous les peuples du globe, nous ont
appris que même au sein d'un groupe originairement
homogène, un long isolement des petits groupes
partiels entre lesquels la race tend toujours à se
fractionner au début de la vie sociale, a pour effet
constant de produire de tribu à tribu des différences
de dialectes d'autant plus tranchées, que la séparation est à la fois plus ancienne et plus complète. Cet
isolement des tribus d'une même race peut tenir,
comme chez les peuples encore sauvages, à cet état
de barbarie primitive où les nécessités d'une subsis-
tance précaire ne permettent pas que des aggloméra-
rations tant soit peu nombreuses existent sur un
même point du territoire; il peut tenir aussi, comme
chez les peuples des contrées montagneuses, à la nature du pays et à la difficulté matérielle des communications. Ces deux causes d'isolement, surtout
la seconde, ont puissamment agi dans le Caucase.
Dès que l'on s'éloigne des riches vallées où les eaux

(1) Voyez le *Mithridates* d'Adelung, Bd. I, 1806, p. 456 *sqq.*;
Klaproth, Vocabulaires des langues du Caucase, à la suite de son
Voyage au Caucase, 1814, édit. allem., et 1823, édit. fr, et *Asia
Polyglotta*, 1823, p. 124. Comp. Prichard, *Researches into the
Physical History of Mankind*, vol. IV, 1844, p. 273 et suiv.

13

du Koûr et de l'Araxe coulent librement au milieu
de larges campagnes, et y appellent le fructueux
développement de l'industrie humaine, on arrive à
des gorges étroites, sombres, abruptes, dont les
abords, d'un accès toujours difficile, sont défendus
par d'effroyables précipices ou revêtus d'impénétrables forêts, et au fond desquelles vivent autant de
peuplades âpres et sauvages comme le sol qui les
nourrit. Telle de ces peuplades n'a eu depuis des
siècles aucun rapport avec les habitants des vallées
voisines.

On conçoit donc sans peine que cette multiplicité de petites républiques demi sauvages confinées
dès les plus anciens temps dans les hautes vallées du
Caucase, y ait bientôt produit un nombre immense
de dialectes distincts, dont à la longue mille causes
d'altération devaient concourir à rendre la parenté
originelle à peu près méconnaissable. Plus qu'aucun
autre centre montagneux, le Caucase a été de tout
temps renommé chez les étrangers par la quantité
prodigieuse de langues différentes que l'on y parlait.
Les géographes grecs et latins en comptaient plus
de trois cents, seulement parmi les montagnards qui
venaient trafiquer à Dioscurias ; et la même raison
fit plus tard donner au Caucase par les Arabes le
nom de *Montagne des langues* (1). Si l'on ajoute à

(1) On peut voir les passages réunis à ce sujet par M. Saint-
Martin, dans le *Journal des Savants*, 1831, p. 81. Il faut y ajouter
ce que disait déjà Hérodote du grand nombre de peuples différents que renferme le Caucase (*Historiar.* lib. I., c. 203).

ces causes déjà si puissantes de la formation dans le
Caucase d'une multitude de dialectes barbares, les
immigrations de peuples étrangers, eux-mêmes dif-
férant entre eux de race et d'origine, qui sont venues
à diverses époques s'implanter par la force au milieu
des populations antérieures, on s'étonnera moins
des dissemblances profondes qui séparent aujourd'hui
entre elles les langues de Lesghi, des Mitzdjeghi,
des Abkhases et des Souanes (1), et toutes ensemble
du géorgien pur ou karthveli, qu'on ne sera surpris
de retrouver dans celles de ces langues pour lesquelles on a pu jusqu'ici réunir des éléments suffisants de
comparaison, des analogies ou des ressemblances de
formes et de mots où se révèle encore leur fraternité
primitive.

Ainsi, établissement sur toute l'étendue du Plateau Caucasien, entre les plaines Mésopotamiennes,
la chaîne même du Caucase, le Pont-Euxin et la mer
Caspienne, d'une population homogène d'origine
japhétique; puis, au sein de cette race et à une époque également très-ancienne, création simultanée
de deux États politiques qui depuis lors sont toujours
restés séparés, d'où est résulté pour chacune des

---

(1) Dans l'état actuel de la linguistique comparée du Caucase,
il est incertain s'il faut joindre à cette énumération des langues
issues de la souche géorgienne la langue tcherkesse ou adighé.
La Chronique ne compte pas non plus nominalement les Adighé
au nombre des membres de la famille géorgienne, puisqu'elle
attribue leur pays jusqu'au Kouban à Egros, c'est-à-dire aux Mingréliens. Nous aurons à revenir par la suite sur ce sujet.

deux grandes fractions de la race un développement
distinct dans des conditions et sous des influences
modificatrices très-différentes ; enfin, dans la fraction septentrionale de la race, c'est-à-dire chez les
Géorgiens, qui occupent un pays profondément
coupé de vallées et de montagnes, formation rapide
d'une multitude de dialectes et de petites nationalités généralement circonscrites dans les limites de
chaque vallée : tels sont les trois faits primitifs, les
trois notions capitales qui ressortent des indications
traditionnelles de la Chronique géorgienne compa-
rées à l'état actuel des choses.

Quant à la limite commune de la langue géorgienne
et de la langue arménienne, prises dans leur ensemble et considérées comme représentant deux
grandes nationalités, la version arménienne et la
version géorgienne des vieilles chroniques s'accordent à placer cette limite à la chaîne de montagnes
qui forme, du nord-ouest au sud-est, la ligne de faîte
entre le Koûr et l'Araxe. Ce qui est au nord de cette
montagne est géorgien ; ce qui est au sud est arménien. Toute la suite de l'histoire confirme cette division originaire. De cette position respective des
deux races viennent les noms de *Somekhi* et de *Somkhethi* que les habitants de la Géorgie donnent aux
Arméniens et à l'Arménie, noms dérivés du mot
samkhari, qui en géorgien signifie le Sud, le Midi (1).
A l'ouest, la race arménienne s'étendait jusqu'à

(1) Brosset, dans le *Nouveau Journal Asiat.*, t. XIII, 1834,
p. 478.

l'Euphrate supérieur, où elle confinait avec les Cappadociens de souche araméenne.

Quoique moins nettement définies du côté de l'est et du sud, les limites de la langue arménienne ou de l'Arménie propre sont encore assez clairement déterminées. La province que les anciens connurent sous le nom d'Atropatène, et que d'après les Persans modernes nous nommons actuellement Aderbaïdjan (1), cette province était mède et non arménienne (2) ; le pourtour immédiat du lac d'Ourmiah paraît avoir été dans les temps anciens le point extrême que les populations de souche arménienne aient occupé de ce côté. Vers le sud, elles ne dépassèrent pas d'abord les montagnes qui séparent les lacs d'Ourmiah et de Van du bassin du Tigre ; mais la conquête annexa de bonne heure aux pays arméniens les territoires originairement araméens que le Tigre traverse dans la partie supérieure de son cours, et que les anciens géographes ont toujours considérés comme formant l'extrémité supérieure de la Mésopotamie (3). L'Osrhoène, qui avait Edesse pour métropole, ainsi que la Sophène dont le nom est hébreu ou araméen (4) ; et d'autres territoires

(1) Ces deux formes d'un même nom originaire, qui se rattache aux anciennes langues de l'Iran, signifient également Terre du Feu Saint-Martin ; *Mémoires sur l'Arménie*, t. I, p. 128.

(2) *Ibid.*, p. 272.

(3) Jean Catholicos, *Histoire de l'Arménie*, ch. 8, p. 12, trad. fr., est formel à cet égard. Comp. Saint-Martin, *Mémoires sur l'Arménie*, t. I p. 157 et suiv.

(4) Il est en effet très-probable que ce nom est dérivé de l'hébreu *tsaphan*, le Nord. La Sophène était originairement de ce côté

plus orientaux, notamment celui de Nisibe, reçurent ainsi une population arménienne qui finit par y devenir dominante. En général, néanmoins, on regarda toujours la chaîne des monts *Niphates* ou du *Taurus* mésopotamien, c'est-à-dire l'escarpement méridional du grand plateau arménien, comme formant la limite naturelle entre l'Arménie et la Mésopotamie (1).

Il est donc clair que sauf cette extension de la langue arménienne vers le S.-E. dans les plaines de la Mésopotamie supérieure, extension dont l'histoire nous dit la cause et l'époque, le domaine propre et originaire des Arméniens répond exactement à l'étendue même du plateau qui forme au sud le promontoire avancé du massif caucasien. Il y a là une bien remarquable coïncidence entre les grands traits du relief du sol et la distribution originaire des plus anciennes populations qui se partagèrent l'Asie occidentale.

S'il était besoin de confirmer par de nouveaux rapprochements un fait aussi positivement établi maintenant que la dérivation orientale de cette population du Plateau Caucasien, nous en trouverions des preuves surabondantes dans l'étude de la nomenclature géographique, surtout dans celle des rivières

le territoire le plus septentrional de l'*Aram-Naharaïn* (littéralement l'Aram des fleuves), c'est-à-dire de la Mésopotamie araméenne.

(1) Strab., lib. XI, p. 526, Casaub.; Ammian. Marcell., lib. XVIII, c. 9. Comp. Procop., *Bell. Pers.*, I, 17.

et des montagnes, dont les appellations primitives
sont restées reconnaissables même sous les altérations que le temps y a introduites. Si plusieurs de
ces dénominations paraissent devoir se rattacher
aux idiomes finnois de l'Asie septentrionale (1); si

(1) Nous citerons particulièrement le *Iori*, le plus considérable
des tributaires du Kour après l'Alazani. *Hor, ouor*, est le nom
générique d'une rivière dans le dialecte des Avârs du Caucase
oriental, tribu dont l'origine se rattache à la nation célèbre
des Avârs de souche hunno-finnoise. Voyez les vocabulaires des
langues lesghi donnés par Klaproth à la suite de son *Voyage au
Caucase*, t. II, p. 338 de la trad. fr., et les rapprochements de
la p. 299 Comp les *Tableaux Histor. de l'Asie* du même auteur,
pp. 262 et 246. Notons cependant que le mot *hor*, surtout sous
la forme *khor* que lui donne souvent l'aspiration rude des montagnards (Vocabulaires cités), peut se rattacher à un radical des
langues de l'Asie centrale bien plus généralement répandu (*Kour,
Kr*) et dont il sera question plus loin; et d'un autre côté, rap-
pelons la frappante analogie de ce mot avec l'hébreu *inôr* ou *ior*,
fleuve, avec le copte *iaro*, qui a la même signification, et avec
l'islandais *sjòr*, rivière. Chaque pas que l'on fait dans les recherches de cet ordre découvre quelque nouveau chaînon du réseau,
souvent inexplicable dans l'état actuel des études linguistiques,
qui s'étend en quelque sorte sur tous les idiomes de l'ancien
monde. — C'est aussi très-probablement à la classe des dénominations finnoises qu'il faut rapporter les noms de fleuves en
khoub ou *kob* répandus à l'ouest et au nord-ouest du Caucase, tels
que le *Houpan-is* et le *Houpa-kour-is* (Ὕπανις et Ὑπάκυρις) qu'Hérodote connaît au nord du Pont-Euxin; un autre *Houpanis* plus
oriental cité plus tard par d'autres auteurs, et dont le nom s'est
identiquement conservé sous sa forme actuelle de *Koubin*; le
Khob-os de l'ancienne Colchide, aujourd'hui *Khopi*; etc. Ces différents noms rappellent celui d'un des plus grands fleuves du
nord de l'Asie, l'*Ob* ou *Obi*, nom qui prend quelquefois une aspiration initiale et devient alors *Khobi*. Un fleuve se dit *orgobi*
dans le dialecte des Samoïèdes-Motores; *oubou*, chez les Aghvans

d'autres montrent une affinité plus immédiate avec
les idiomes sémitiques du Sud, tels notamment que
le nom du *Phase*, cette rivière célèbre de la Colchide dont le nom rappelle celui du *Phison*, l'un
des quatre fleuves de la cosmogonie hébraïque (1), la
très-grande majorité des dénominations de fleuves
et de montagnes de la région du Caucase procède
évidemment des langues de souche hindo celtique.
Le nom du Phase lui même, malgré son impatroni-

ou Albanais du Caucase, a la même signification. La *Kama*,
branche orientale du Volga supérieur sortie des monts Oural, et
la *Kouma*, un des grands affluents de la mer Caspienne au nord
de la chaîne du Caucase, ne nous paraissent pas différer des noms
précédents par leurs éléments radicaux. On sait combien est fré-
quente la permutation des deux labiales *b* et *m*; et quant à la
substitution des voyelles, elle n'affecte nullement la signification originaire des mots dans leur passage à travers différents
dialectes. Mais la remarque que l'analogie des radicaux *hor, ouor,*
ior et *iaro*, qui existent avec la même signification de *fleuve* dans
plusieurs idiomes du nord de l'Asie, du nord-ouest de l'Europe
et des gorges du Caucase, et dans les anciennes langues de la
Palestine et des bords du Nil, le mot *kob* ou *khoub* nous en
fournit une nouvelle application. Nous trouvons en effet ce radical, avec la même signification d'*eau* ou de *rivière*, dans les
pays du domaine hindo pélasgique, là où l'on ne saurait supposer
que des tribus de langue finnoise soient jamais arrivées. *Ap* en
sanskrit signifie eau, de même que *ab* en persan, et *oupé* en lette.
Kophès est une rivière bien connue, tributaire du haut Indus; et à
l'autre extrémité de la chaîne, le lac *Kopaïs* est mentionné par
tous les anciens auteurs qui ont décrit la Béotie. Il y avait aussi
une rivière *Kopas* en Carie.

(1) Le mot *phasi*, dit Bochart (*Phaleg*, IV, 31), signifie simplement en syriaque fleuve ou rivière; et il cite en exemple cette
phrase du psaume syriaque XLII, 2, *al phaside demoïo*, qu'il traduit par *ad rivos aquarum*.

sation dans les langues sémitiques, est revendiqué à la fois et par les idiomes de la famille iranienne et par ceux de la famille finnoise : car d'une part *visan* est en sanskrit un des termes qui expriment l'idée d'*eau*, de *fluidité*, de même que dans le grec πεῖσαι, humecter, irriguer, πεῖσος, lieu arrosé de courants d'eau, πίω, boire, etc., se rapportent à un thème analogue (1); et d'autre part la langue tcherkesse possède encore le radical *pzèh*, *psé* ou *psi*, eau, qu'elle doit très probablement aux Finnois du Nord, chez lesquels les mots *vesi* ou *vessi* ont la même acception. Les Madjars ou Hongrois, que de nombreux liens de parenté rattachent aux anciens Finnois de la région ouralienne, ont également le mot *fis* avec une signification identique (2). Aussi peut-on remarquer que toutes les appella-

(1) L'*Hyphasis* est au nombre des grandes rivières de la Pentopamie indienne, et une autre rivière du nom de *Phasis* est mentionnée par Ptolémée dans sa nomenclature de l'île de Taprobane ou Ceylan; d'un autre côté, Pausanias nomme l'*Ophis* parmi les courants d'eau de l'Arcadie, partie du Péloponèse où l'on retrouve, ainsi que dans toutes les contrées où se fixèrent les vieux Pélasghes, de nombreux vestiges d'appellations orientales.

(2) Comp. l'allemand *wasser*, eau. Wasser est comme l'anneau qui rattache sur ce point les langues teutoniques aux langues finnoises; car l'ancien gothique avait *vato*, d'où procède plus directement l'anglais *water*, malgré son analogie intime avec le *wasser* des Allemands. Mais *vato* nous ramène au *vodi* de la famille slave, ainsi qu'à l'*udus* des Latins, à l'*udam* et au *vaudam* sanskrits. Toujours le même cercle, dont tous les rayons convergent vers la région himalaïenne. L'*is* des anciens idiomes celtiques paraît devoir se rattacher au même radical.

14

tions qui tendent à remonter vers ce radical se
trouvent dans les pays riverains ou peu éloignés du
pourtour oriental de l'Euxin, où les langues par-
lées offrent de nombreuses traces d'infiltrations finnoises, et où l'on peut ainsi présumer avec toute
vraisemblance que les hordes ouraliennes avaient
très-anciennement pénétré (1) Le mot *vitz* pour *eau*,

(1) Voyez ci-dessus, p 62, nos remarques sur les anciens *Sabires* de la côte Pontique au sud de la Colchide, rapprochés des
Sabires ouraliens qui jouèrent un grand rôle dans l'histoire des
pays du Caucase au temps de l'empire grec. — Quant à l'application du nom de Phase à diverses rivières de la région occidentale du Caucase, voici quelques indications précises. *Ophis* est
dans les Périples grecs une rivière du pays des Lazes, à l'E. de
Trebizonde ; on la retrouve encore aujourd'hui sous le nom d'*Ouf*,
qui montre quelles formes singulièrement diversifiées peuvent
prendre les noms géographiques dans leurs altérations. Le *Phatsa*
est un des tributaires de la gauche du Koûr, dont la source est
directement opposée à celle du Phase de la Colchide (aujour-
d'hui le Qvirila), ce qui lui en a peut-être fait donner le nom,
conformément à un usage singulier dont l'hydrographie du Caucase offre plusieurs exemples. Le Tchorokh, rivière principale
de l'ancienne Lazique, et l'Araxe lui-même dans sa partie supérieure, portèrent aussi l'un et l'autre le nom de *Phase* : pour le
premier, nous avons le témoignage très-explicite de Procope
(*Bell. Goth.*, lib. IV, c. 2, où le nom de *Boas* n'est évidemment
qu'une forme locale de celui de *Phasis*, de même que dans un
autre endroit, *de Bello Persico*, II, 29, Procope nous dit aussi
que le Phase était appelé *Boas* vers sa source). Pour l'Araxe, la
relation de l'Itinéraire des Dix-Mille dans Xénophon n'est pas
moins formelle (lib. IV, c. 6 *et passim*; Comp. Constant. Por-
phyrog. *de Admin. Imp.*, c. 45, t. III, p. 205 de l'édit. de Bekker,
1840); et de plus, les noms de *Phasiane* dans les auteurs du
Bas-Empire, de *Pasen* dans les géographes arméniens, et de *Pa-
sin* dans la géographie turque de Hadji-Khalfa, désignent éga-

se trouve aussi dans l'idiome des Souanes, qui est un dialecte du géorgien.

Une remarque qui a été faite depuis longtemps, c'est que les noms les plus anciens donnés par les premiers hommes aux grands accidents physiques des pays où ils s'établissaient, ne furent autre chose que des appellations génériques désignant simplement la *rivière*, le *ruisseau*, la *plaine*, le *lac*, la *butte*, la *montagne*. N'est-ce pas là encore, même aujourd'hui, l'usage à peu près invariable des habitants de nos campagnes? Quelquefois seulement le nom imposé se rapportait à quelque qualité frappante, à la *rapidité*, à l'*étendue*, à l'*élévation*. L'application des noms propres, des désignations spécialement individuelles, ne vint que plus tard, alors que les relations s'étendant, il fallut distinguer sa rivière, son lac, sa montagne, de ceux du territoire voisin. Ce principe est d'une application certaine pour tous les pays et pour tous les peuples : c'est ce que démontre l'étude attentive de la nomenclature de chaque contrée pour sa géographie naturelle. Rien en effet n'est plus persistant que ces appellations locales des traits caractéristiques d'un territoire. Ce qui est de fondation purement humaine, les villages et leurs chaumières, les villes et leurs monuments, suivent dans leurs destinées le cours variable des

lement la haute vallée de l'Araxe. Le nom de *Teleboas*, que porte aussi dans Xénophon une rivière du bassin de l'Euphrate voisine à l'O. du lac de Van, nous paraît marquer le point le plus méridional où cette dénomination se rencontre.

choses humaines : le hasard, un cas fortuit, une nécessité momentanée leur donnent naissance ; la
guerre, les convulsions de la nature, quelquefois
le cours seul du temps les anéantissent, ou bien le
caprice d'un conquérant, l'orgueil, la servilité, la
reconnaissance, mille circonstances dont l'histoire
même ne conserve pas toujours le souvenir, substituent des noms nouveaux aux noms anciens. Tyr,
Babylone, Ecbatane, Troie, Ephèse, et Palmyre,
et Sardes, et Ninive, ces reines superbes des anciens
âges, ont disparu de la face de l'Asie. Ni leur gloire,
ni leur puissance, ni leur nom même qui remplis-
sait le monde, n'ont laissé la moindre trace dans le
souvenir des générations dont le pied indifférent
foule depuis des siècles le sol où les cités royales s'é-
levèrent jadis, radieuses et splendides ; et le pâtre
ignorant, le grossier montagnard, insoucieux de ces
révolutions qui n'atteignent que les grands de la
terre, répète aujourd'hui dans ses chants traditionnels le nom de l'humble ruisseau, de la verte colline, de la vallée silencieuse et retirée qui est tout
son univers, tels que les ont dits ses pères, et les
pères de ses pères depuis le commencement des
temps. Pour effacer ces noms primitifs de la mémoire des habitants d'un pays, il ne faut rien moins
qu'une de ces révolutions radicales qui anéantissent
des populations entières, et amènent à leur place
une race nouvelle. Mais de telles révolutions sont
rares dans l'histoire des peuples : si étendue qu'ait
été l'œuvre de destruction, il reste toujours au fond

du sol quelques racines de la vieille souche ; et la nomenclature indigène, vivace comme tout ce qui tient aux habitudes primitives, se perpétue au moins en partie chez les nouveaux maîtres du pays. Voyez nos contrées occidentales, où tant de peuples divers ont passé, même depuis les temps historiques ; voyez l'Espagne, voyez l'Italie, voyez la France et les Îles Britanniques, où tant de races se sont successivement implantées sur les races aborigènes : ici les Celtes sur les Ibères, là les Pélasghes sur les Celtes, ailleurs les Kymris sur les Gaëls, et plus tard les Teutons, les Arabes et d'autres encore sur toutes ces couches antérieures. Voyez la Grèce européenne, où les vieux Pélasghes, transformés en Hellènes, ont vu depuis leur territoire se changer en provinces turques ; voyez l'Asie-Mineure, où les Musulmans ont succédé à tant de races plus anciennes qui s'étaient partagé la Péninsule ; voyez la Syrie, la Mésopotamie et la Perse, où les fils de Sem gémissent dans leurs cités envahies par les hordes japhétiques, où le Touran a débordé sur l'Iran vaincu. Partout les noms imposés aux montagnes et aux rivières par les plus anciens habitants de chaque pays se peuvent encore reconnaître au fond d'une nomenclature plus ou moins mélangée.

Un des plus profonds linguistes de notre époque, M. Guillaume de Humboldt, frère de l'illustre auteur du Voyage aux Régions Équinoxiales, a montré déjà depuis longtemps, dans ses Recherches sur les habitants primitifs de l'Espagne, quelle ressource

ce principe peut offrir pour l'étude des temps anté-
historiques. Il est à regretter que jusqu'à présent
on n'en ait pas fait l'application aux autres contrées
de notre Europe, ou même, ce qui serait bien autrement fécond pour l'éclaircissement de nos origines, à l'ensemble des contrées occupées par la famille hindo celtique, depuis les bords de l'Océan
Indien et les gorges de l'Himalaya jusqu'aux dernières extrémités de l'Europe septentrionale.

Cette investigation a cela de particulièrement précieux, que non-seulement on y trouve la trace irré-
fragable du séjour de telle ou telle race sur un
territoire, mais que dans certains cas on y peut reconnaître aussi l'ordre dans lequel plusieurs peuples
de langue différente se sont succédé dans une même
contrée. Ce sont en général les noms composés qui
renferment ces sortes d'indices. La topographie flu-
viatile de l'Europe nous en pourrait fournir des
milliers d'exemples; et la région du Caucase en particulier, ainsi que les pays qui bordent la mer Méotide et le nord-est du Pont-Euxin, en ont plusieurs
qui éclairciront notre pensée.

Reportons-nous au temps où les hordes nomades
du centre de l'Asie, poussées hors de leurs contrées
natales par des causes que nous ignorons, probablement par l'exubérance d'une population toujours
croissante, se jetèrent vers l'ouest à la recherche de
nouvelles demeures. Une de ces hordes a franchi les
steppes arides qui bordent le nord de la Caspienne,
et sa marche vagabonde l'a conduite aux rives orien-

tales du Palus Mæotis. Un fleuve, sorti des flancs
septentrionaux du Caucase, court à l'ouest mêler ses
eaux à cette mer, après avoir versé la fraîcheur et la
vie dans les riches prairies qu'il a traversées. Ce
beau territoire, où les troupeaux de la tribu trouvent une nourriture abondante, devient le terme de
cette première migration ; et le fleuve lui-même,
que nombre de courants grossissent, et qui ne se
dessèche jamais aux ardeurs de l'été comme la plupart des autres rivières avoisinantes, devient pour
la tribu l'eau, le fleuve, le *Var* par excellence : —
car ce mot *var* est le terme par lequel ce peuple
exprime une eau courante en général. A quelle
langue de l'Asie appartient originairement ce terme?
quel est ce peuple qui emporta le mot avec lui dans
ses migrations vers les contrées de l'Ouest ? — Nous
pourrons répondre tout à l'heure à ces deux questions. Poursuivons notre récit.

Un temps, dont la longueur nous est inconnue,
s'est écoulé depuis cet établissement ; mais voici
qu'une nouvelle horde, partie de l'Orient comme
la précédente, arrive à son tour aux confins du
même territoire. Sans doute les premiers occupants
sont moins forts et moins nombreux, car il leur faut
céder la place aux nouveaux arrivants. Ceux-ci
trouvent le nom de *Var* attaché au fleuve ; mais ils
parlent une autre langue ou tout au moins un autre
dialecte, et dans l'ignorance du sens réel de cette
appellation qu'ils prennent pour un nom propre,
non pour un terme générique, ils y ajoutent comme

désignation qualificative le mot qui dans leur propre idiome a cette même signification de fleuve ou de rivière. Or, ce mot est *don* ou *dan*, et c'est sous le nom composé de *Vardan* que le fleuve sera désormais connu des peuples fixés sur ses bords. Plus tard, d'autres tribus, d'origine et de langue radicalement différentes, descendront de la région de l'Oural vers les steppes de la Méotide; pour ceux-ci le fleuve nourricier de la contrée sera le *Kouban*, ou la rivière par excellence, comme elle avait été pour leurs prédécesseurs d'abord le Var, puis le Don, et ce nom de Kouban se conservera jusqu'à nos jours parmi les peuples tcherkesses qui en possèdent actuellement le territoire (1).

(1) Le plus ancien auteur, parmi les écrivains classiques arrivés jusqu'à nous, qui ait mentionné nominalement le fleuve aujourd'hui connu sous le nom de Kouban, est Strabon, au milieu de 1er siècle de notre ère; il le nomme *Antikeïtès*, mais en ajoutant qu'on donnait aussi parfois à ce fleuve le nom de *Houpanis*, Ὕπανις (lib. XI. p. 494 D, édit. Casaub. Voyez sur ce texte les remarques de Klaproth, dans le *Nouv. Journ. Asiat.*, t. I, 1828, p. 62) C'est seulement dans Ptolémée, un siècle après Strabon, que l'on trouve le nom de *Vardan* ou *Varadan*, Ούαρδάνος s. Ούαραδάνος, nom que l'on ne saurait douter néanmoins être de beaucoup le plus ancien, car le mot *var*, avec la signification d'eau ou de fleuve, n'appartient, nous allons le voir, qu'à des peuples dont le séjour aux environs du Caucase remonte aux temps les plus reculés de l'histoire. Sans doute il s'était conservé traditionnellement chez quelque fraction de cet ancien peuple restée sur les bords du fleuve après le départ du gros de la nation; aujourd'hui encore un des nombreux torrents de la côte tcherkesse porte ce même nom de *Vardan*. Hérodote, qui ne paraît pas avoir connu le Kouban, mentionne cependant un fleuve *Var*, Ὄαρος, qui débouche, dit l'historien, dans le Palüs Mæotis, de même que le

Essayons maintenant de reconnaître l'individualité des diverses tribus auxquelles le fleuve a dû ses appellations successives. Et d'abord, à quelle race appartenait le mot *var*, la plus ancienne de ces appellations que la tradition nous ait conservées? Le point de départ n'en saurait être douteux ; ici encore nous sommes évidemment ramenés vers la région irânienne, foyer commun d'où rayonnent les origines d'une grande partie de l'ancien monde. *Varaï* en zen[l] signifie *eau*; c'est un radical autour duquel se groupe toute une famille de dérivés. Là est donc le point d'attache de la chaîne ; mais où l'autre extrémité va-t-elle aboutir? Puisque le nord du Caucase ne fut pour la tribu émigrée qu'une station intermédiaire, c'est vers les parties plus occidentales de l'Europe que l'induction logique, d'accord avec l'ensemble des traditions, dirige notre investigation : et plus l'émigration paraît remonter

Tanaïs. Rennell, au mépris de ce texte précis, a cru pouvoir identifier le Var d'Hérodote avec le Volga (*Geographical System of Herodotus*, p. 90), ce qui n'est pas admissible. Cette partie du texte de l'historien est à la vérité très-obscure au point de vue géographique. Nous aurons probablement lieu d'y revenir par la suite; toujours est-il que l'application du nom de *Var* au pourtour septentrional du Pont-Euxin ne s'était pas bornée primitivement au Kouban, et que la mention que l'historien en fait, pour une époque qui remonte à plus de cinq siècles avant l'ère chrétienne, confirmerait, s'il en était besoin, l'antiquité de ce nom dans la région du Caucase. Postérieurement à Ptolémée, on ne rencontre plus dans les auteurs, que le nom de Kouban, diversement modifié ou altéré par l'orthographe grecque. Quelques écrivains du Bas-Empire écrivent *Kophén*.

à une date ancienne, plus elle doit s'être portée loin
dans l'Ouest, refoulée qu'elle a dû être ultérieure-
ment par les immigrations successives qui de proche
en proche ont autrefois peuplé l'Europe. Ici encore
les faits connus confirment pleinement les suppositions auxquelles nous sommes conduits par le rai-
sonnement et l'analogie. Précisément aux dernières
limites de l'Europe du côté de l'Occident, nous retrouvons appliquée à un grand nombre de rivières,
et à ce qu'il semble particulièrement concentrée autour de deux ou trois centres principaux, cette appellation générique de *Var*, qui a marqué le séjour
antérieur de la tribu dans les environs du *Palus
Mæotis* et de l'*Euxin*. La rivière qui forme, entre
les Alpes où elle a sa source et la mer où elle débouche, la limite commune de la France et de l'Italie, a gardé ce nom de *Var* depuis l'origine des plus
anciens temps historiques. La même dénomination
est en usage dans d'autres parties des Alpes. La
Suisse a plusieurs rivières du nom de *Veyre*; le pays
de Gex a la *Versoy*; *Berberes* est, non loin de là,
dans l'historien Grégoire de Tours, une rivière de
l'ancien pays bourguignon; *Bar*, un affluent de la
haute Meuse. Au revers méridional du massif alpin,
nous trouvons la *Versasca*, dans une des vallées
voisines du lac de Côme; et plus loin à l'Est l'ancien
Varamus, dans le pays des Vénètes. Le nom de la
Brenta, dans le même territoire, a très-probablement la même origine; cette origine est indubitable
pour la *Verra*, rivière de l'Italie centrale qui sort de

l'Apennin, ainsi que pour une rivière de l'ancienne Apulie, le *Vergellus*, dont le nom se trouve aussi écrit *Gellus* en supprimant l'appellation initiale.

Si l'emploi de ce mot générique fut commun autour des Alpes et en Italie, il se montre plus fréquent encore vers les Pyrénées. *Ver* est un nom commun à plusieurs ruisseaux du Béarn; c'est aussi un af-fluent du Lot. *Vero* est citée chez les anciens comme une rivière de la Celtibérie; et l'*Iberus* lui-même (l'Èbre de notre géographie actuelle), ce fleuve cé-lèbre qui donna peut-être son nom à l'ancienne Ibé-rie, n'est autre qu'un *Var* dont le nom est précédé d'une particule probablement démonstrative. Le même radical se retrouve dans le nom de la vallée de *Barèges* renommée par ses eaux thermales (1); rien de plus ordinaire que le changement du *v* en *b*, ou réciproquement, dans la prononciation. Mais une homonymie plus importante, et qui repose sur une permutation aussi très-fréquente, est celle que nous offre le nom de la *Garonne* (2). Le passage du *v* ou du *b* au *g* est particulièrement commun dans

(1) La finale de *Barèges* n'est autre chose que le celtique *ègue*, eau, qui se retrouve aussi non loin de là dans le nom de l'A-riège. Nouvel exemple de l'accolement dans un même nom de deux mots d'époques diverses ayant la même signification.

(2) Ce nom de *Garonne*, pour *Var-on*, et celui de *Gard-on*, ou *Gar-don*, que nous citons un peu plus bas, renferment l'indice d'une superfétation tout à fait analogue à celle que nous avons trouvée dans le nom du *Var-dun*; car la terminaison *on*, proba-blement contractée de *don*, se trouve avec la signification évi-dente d'eau ou de *rivière* dans une foule de noms géographiques des pays hindo-celtiques.

le sud-ouest de l'ancienne Gaule. C'est ainsi que le nom de la *Gascogne* s'est formé de celui des anciens *Vascones*, qu'une autre modification vocale a changés en *Basques*; de même un ancien *Var*, affluent du Rhône inférieur, écrit *Varus* chez les Latins, s'est transformé en *Gard* ou *Gardon* dans la prononciation locale. *Garon* est encore un autre torrent tributaire du Rhône, un peu au-dessus du Gard. Enfin cette substitution du *g* au *b* ou au *v* nous donne aussi raison du nom du *Gers*, un des principaux affluents de la Garonne, et de celui d'un grand affluent de la Loire, le *Cher*, dont la forme latine, *Carus*(1), se rapproche plus que le nom moderne de la forme originaire. D'autres noms de *Cher* et de *Guer* se rencontrent dans l'hydrographie du nord-ouest de la France. L'*Aveyron*, qui est une des grandes rivières du bassin de la Garonne, et la *Vère*, un des tributaires de l'Aveyron, gardent presque intacts l'appellation primitive.

Nous sortirions des limites où notre sujet se renferme si maintenant nous suivions le radical *var* dans ses transformations en *ar*, *aar*, et *sar*, formes sous lesquelles il se produit plus particulièrement

(1) La terminaison du mot *Carus*, dans ce cas comme pour beaucoup d'autres noms de rivières de l'ancienne Gaule, pourrait bien être autre chose que la finale commune de cette classe de mots latins; *ru* est un ancien mot gaëlic et kumraeg qui se conserve encore dans beaucoup de nos provinces avec la signification de rivière ou de ruisseau, et qui remonte, de même que le *rud* (rivière) des Persans modernes, jusqu'aux vieux idiomes de l'Iran. *Ru* ou *s'ru*, en sanskrit, signifie *aller*, *couler*.

dans le centre et le nord de l'ancienne Gaule (1) ;
il est possible d'ailleurs, ou plutôt il est très-probable que ces modifications appartiennent à des
dialectes distincts, et conséquemment à des branches collatérales de la même souche, quoiqu'on
trouve des modifications correspondantes du thème
primitif dans les langues mères du groupe hindo-
celtique. En sanskrit, le mot *Saras* répond au zend
Varaï (2). La Bactriane avait aussi son fleuve *Aar*,
l'*Arius* ou *Areias* des écrivains grecs et latins, le
Heri-rud ou rivière de Hérat des voyageurs modernes. Et nous pouvons croire que ces synonymies
entre la nomenclature géographique de l'Asie intérieure et celle de l'Europe ancienne seraient beaucoup plus nombreuses, si notre connaissance de la
géographie du vieil Orient était plus étendue. En

(1) *Aar* est un nom de rivière très-commun en Suisse, aussi bien
que dans l'ouest de l'Allemagne ; de même, on trouve un grand
nombre de rivières du nom d'*Are, Arre, Ars, Arée, Arron, Arou,
Yare, Yarrow, Orr, Ware*, etc., depuis les provinces galiciennes
en Espagne jusqu'aux vallées de la Haute Écosse dans la Grande-
Bretagne, en passant par le midi, le centre, le nord et le nord-
ouest de la France. *Arar* était l'ancien nom de la Saône ; *Arau-
ris* celui de l'Airaut, dont un usage vicieux a fait Hérault. Rap-
pelons encore la *Sarre*, affluent de l'Oise, et le *Sarran*, affluent
de l'Ain. L'Oise elle même s'appelait autrefois *Isara*, de même
que l'Isère. *Iser* est aussi le nom d'un affluent du haut Danube.
Ici se montre un nouveau thème, *is*, qui dans les dialectes celtiques avait aussi la signification propre de rivière. On peut
voir à ce sujet Bochat, *Mémoires sur l'histoire ancienne de la
Suisse*, t. I, p. 180.

(2) Eug. Burnouf, *Commentaire sur le Yaçna*, Notes et Éclaircissements, p. cιj.

arménien, *arou* signifie encore une rivière. Remarquons que parmi les affluents de la gauche du bas
Ister que cite Hérodote (IV, 48), nous trouvons un
Arar, Ἀραρός, de même qu'au nombre des tributaires de la côte nord du Pont-Euxin l'historien cite
le *Gher*, Γερρός, qui rappelle à la fois le Gers et le
Cher des pays gaulois. Ces dernières synonymies
sont intéressantes en ce qu'elles tendraient à nous
indiquer les stations successives du peuple, quel
qu'il soit, qui les avait semées sur sa route du Caucase aux Pyrénées.

Arv est une forme collatérale de *var* et de *ar*; elle
se rattache directement au sanskrit *arb* ou *arv*, aller, courir, qui implique essentiellement l'idée de
rapidité (1). On en trouve plusieurs applications
dans l'ancienne géographie de l'Orient et dans notre
géographie occidentale. Les vieux livres zends mentionnent une rivière du nom d'*Arvanda* qui se rattache évidemment à cette racine, aussi bien que les
différents fleuves du nom d'*Oronte* ou *Oroatès* de la
Perse, de la Mésopotamie et de la Syrie. L'*Arve*,
torrent alpin qui se jette dans le Rhône à l'issue du
lac Léman, a gardé dans sa pureté primitive cette
antique appellation irânienne, que l'on peut aussi
reconnaître dans les dénominations plus ou moins al-
térées de plusieurs autres rivières des régions mon-
tueuses de la France. Nous pouvons citer l'*Orb* et
l'*Orbieu*, deux rivières du bas Languedoc. Nous

(1) Burnouf, ouvrage cité, p. 251.

allons voir tout à l'heure par quelle transformation
nouvelle le radical *arv* vient se rattacher à la géographie primitive, et conséquemment aux origines
ethnologiques du Caucase.

Par les noms de *Aar* et de *Ar* nous sommes conduits aux formes presque effacées de *Aa* et de *A*,
qui deviennent prédominantes, et bientôt même
exclusives dans les pays du nord de l'Europe, depuis
les provinces de la France voisines du détroit de Ca-
lais jusqu'au fond de la Baltique. Mais ici encore
nous devons nous arrêter, incertains que nous sommes si ces mots *aa* et *a* du nord de l'Europe(1) pro-
cèdent du primitif *var* en passant par *aar* et *ar*, ou
s'ils ne viennent pas plutôt d'une autre racine, *áq*,
dont une multitude de dérivés sont aussi répandus
sous des formes infiniment variées, mais toujours
avec la signification d'*eau* ou de *rivière*, dans toutes
les langues issues de la source irânienne.

Nous n'avons pas à nous engager dans cette recherche. Il nous suffit d'avoir établi par d'incontestables rapprochements, assez nombreux pour éloigner jusqu'à la possibilité du doute, à quel point
extrême de l'Europe vint aboutir, en passant par le
nord du Caucase, la migration antique, qui, partie
de l'intérieur de l'Asie, laissa la dénomination ap-
pellative de *Var* au pourtour septentrional du Pont-

(1) A, dit Wachter (*Glossar. Germ.*, au mot A), signifie *eau*
dans le Nord, et AA, *rivière*. Il ne faut d'ailleurs que jeter les
yeux sur les cartes pour voir combien ces deux appellations y
sont fréquentes.

Euxin. Évidemment cette migration était celtique;
car les pays où elle s'arrêta, sur les Alpes et aux
deux versants des Pyrénées, sont précisément ceux
que les plus anciennes traditions de l'histoire occidentale, d'accord avec tous les faits connus, attri-
buent aux Celtes. Si le mot *var*, avec sa signification
directe et primitive, s'est perdu dans les langues de
la famille celtique, précisément, sans doute, à cause
de sa haute antiquité, on en retrouve cependant encore plus d'un dérivé dans le gaëlic et le kumraeg.
Aber ou *aver*, dans le dialecte gallois, désigne le
confluent de deux rivières; en Irlande, *forrin* signifie pluie. Pluie, en zend, se disait *véro* et *avaré* (1).

(1) Rapprochez de cet ancien mot iranien le persan et le kourde
modernes *bárán*, pluie; le pehlvi *wáran*, l'aghvan *baran*, et
l'osse *waran* ou *ouaran*, qui ont la même signification. Au primitif *varaï*, et aux transformations multiples que nous en avons
recueillies, comparez l'arabe *bahr*, mer, et *nahr*, fleuve; et l'hébreu
naar ou *nahar*, qui, comme substantif, signifie fleuve ou rivière,
et comme verbe, couler. Cette dernière forme nous ramène au
grec *néros*, humide (d'où les *Néréides*, les nymphes des eaux),
dérivé qui suppose un primitif inusité dans le grec littéral, mais
qui se retrouve dans le grec moderne *néro*, eau. L'ancien grec
naô, couler, est à *nahar* et à *néros* comme l'*ar* ou *aar* des langues
du Nord est aux mots *a* et *aa*. Quel vaste horizon de rapprochements historiques un seul mot peut ouvrir devant nous! Au-sur-
plus le radical primitif s'est conservé chez d'autres peuples européens de la famille hindo-celtique. *Paris*, *peris*, dans les anciennes
langues gothiques et thraciques, avait la signification de rivière
et de ruisseau, comme l'albanais moderne *përua*, le valaque *pë-
rëu*, etc. En slave *bara* désigne un étang, un amas d'eau. Klaproth croyait pouvoir attribuer spécialement le mot *var* aux langues finnoises (*Tableaux Histor. de l'Asie*, p. 24 et 245); l'ensemble
de nos rapprochements montre qu'à cet égard le savant philo-

Mais à laquelle des deux branches principales de la vieille souche celtique, aux Gaëls ou aux Kimris, convient-il de rapporter ces indications? Si d'une part les Gaëls furent les plus anciens occupants de l'extrême occident, comme tout porte à le croire, de l'autre, ce sont des Kimris que les antiques traditions consignées dans la Genèse et dans les premiers monuments écrits de la littérature hellénique nous montrent sur les bords du Palus Mæotis, dans ces lieux où le nom de *Var*, si commun dans le sud de la Gaule et dans les contrées adjacentes, avait été donné à quelques-uns des fleuves principaux que reçoit le Pont-Euxin. Peut-être, en fouillant plus avant dans cette voie d'investigation, réunira-t-on des faits assez nombreux pour décider la question, c'est-à-dire pour constater, par exemple, qu'à une époque très-ancienne, et conséquemment de beaucoup antérieure à l'apparition historiquement connue des Kimris du Nord sur le Rhin inférieur, une première migration kimrique était arrivée dans le sud de la Gaule, d'où elle se serait ramifiée sur une partie de l'Italie et dans le nord de l'Espagne; mais d'après les indices qu'un examen nécessairement rapide nous a fournis, nous devons avouer que telle n'est pas l'opinion à laquelle nous serions enclin. En Italie, en Espagne et dans le sud de la Gaule nous voyons bien des éléments kimriques, mais tellement mêlés et confondus avec

logue avait aperçu cette origine étymologique sous un point de vue beaucoup trop restreint.

les éléments gaéliques, qu'il nous paraît bien hasardeux, pour ne pas dire impossible, d'en faire aujourd'hui le départ, et de les attribuer d'une manière déterminée ceux-ci aux Gaëls, ceux-là aux Kimris. Sans vouloir établir en ceci une opinion prématurée, nous penserions volontiers qu'à l'époque reculée à laquelle remontent les faits dont nous nous occupons, la séparation des Gaëls et des Kimris n'était pas consommée, ou, pour parler peut-être d'une manière plus exacte, que le dialecte gaélique et le dialecte kimrique, qui depuis lors se sont si profondément différenciés par suite d'une séparation prolongée et d'influences modificatrices très-diverses (1), avaient alors des analogies beaucoup plus intimes qu'ils n'en ont aujourd'hui. Cette supposition, d'ailleurs parfaitement conforme à la nécessité logique des faits, expliquerait très-bien comment nombre de mots aujourd'hui spécialement attribués aux kimris, se peuvent rencontrer en grand nombre dans des provinces essentiellement gaéliques, telles notamment que le centre et le midi de la Gaule, et le nord de la Péninsule ibérique. Ainsi, *dwr*, eau, (prononcez *dour*) est considéré comme une racine exclusivement kimrique ; et néanmoins il est fort

(1) L'irlandais (gaélic) diffère bien plus du gallois ou welche (kumraeg), dit M. Adolphe Pictet dans ses savantes recherches sur l'affinité des langues celtiques avec le sanskrit (*Nouv. Journ. Asiat.*, 3ᵉ série, t. I, 1836, p. 273), que le scandinave ne diffère du gothique, et presque autant, à certains égards, que le grec du latin. M. Pictet ajoute que les idiomes gaéliques sont plus rapprochés entre eux que les kimriques.

remarquable que ses applications les plus nombreuses à la nomenclature géographique se trouvent
précisément dans les mêmes centres de populations
gaéliques où nous avons reconnu un si fréquent emploi de l'appellation *var* (1). Ce parallélisme des
deux appellations commence au nord du Pont-
Euxin (2), pour se continuer par le bassin du Danube (3) jusque dans les vallées des Alpes (4), dans
la péninsule italique (5), dans tout le midi, le centre

(1) *Dour*, avec la signification d'*eau* ou de *rivière*, n'a d'ailleurs été nullement exclusif dans l'origine à la branche kimrique
de la grande famille iranienne; témoin le grec ὕδωρ, eau. Si le
sudor des latins ne conserva qu'un rapport indirect avec le sens
primitif, en revanche ceux-ci avaient leur mot *torrens*, eau im-
pétueuse, torrent, qui en procède immédiatement. Vers l'autre
extrémité de la chaîne nous trouvons le mot *daria*, que les Persans emploient pour désigner un fleuve.

(2) Il nous suffit de citer le *Tyras* d'Hérodote, pour lequel pré-
valut plus tard la dénomination de *Danaster*, d'où s'est formé
son nom moderne de Dniester. Les Grecs ont habituellement
rendu le *dwr* des Celtes par τυρ (*tyr*, *tur* ou *tour*), et les Latins
par *dur*, qui se prononçait *dour*.

(3) *Dyras* était une rivière de la Vindélicie, affluent du haut
Ister; une autre rivière plus considérable, qui porte aujourd'hui
le nom de *Morava* et a donné son nom à une grande province,
porta autrefois, au témoignage de Pline, les deux noms de *Dou-
ria* et de *Marus* (Mar-us est encore un Var). Le nom de l'*Ister*
n'est lui-même que le primitif *dour*, accolé à un autre mot *is*,
qui se rencontre très-fréquemment dans les noms de rivières des
pays celtiques.

(4) *Torre*, rivière du Frioul; les deux *Doria* du Piémont, autrefois *Durius*; quatre rivières au moins du nom de *Stoura*, qui
descendent du massif des Alpes pour aller grossir le Pô.

(5) *Taras*, *Turia* et *Tyrius*, rivières de la haute Italie et de l'I-
talie centrale; *Tourano*, rivière du royaume de Naples, etc.

et le sud-ouest de la Gaule (1), puis au sud des Py-

(1) La partie de l'ancienne Gaule qui touche aux Alpes a la Du-
rance; mais c'est surtout entre le Rhône et l'Océan que le *dour*
celtique se montre fréquent, et qu'il s'est attaché à des rivières
importantes. Non seulement les montagnes d'Auvergne et les
Cévennes donnent naissance à la *Durolle*, à la *Dore*, à la *Dour-*
bia, etc.; mais sous son nom actuel de *Dordogne*, le principal
affluent de la Garonne garde la trace de sa dénomination réelle,
Dor-don, où se montrent juxtaposés, comme dans tant d'autres
noms analogues, deux appellations synonymes d'époques différentes. Les auteurs classiques écrivaient *Duranius*; dans les
chroniqueurs du moyen âge, plus rapprochés en général de la
prononciation vulgaire, on trouve *Dorononia* et *Dornonia*. Ces
dernières formes sont presque identiques avec un ancien nom
de rivière de l'Irlande gaélique, *Daourona*. *Dordon* est aussi un
ruisseau affluent du Tarn. Mais c'est surtout l'*Adour* qui a conservé pure la dénomination antique. — Remarquons en passant
que l'*Oltis*, affluent de la Garonne, nom que l'usage moderne
a changé en *Lot*, pour *Olt*, rappelle un des plus grands affluents
du Danube inférieur, l'*Olt*, écrit *Alouta* chez les anciens auteurs. — Et puisque nous avons noté cette nouvelle homonymie
dans la nomenclature géographique des différents pays originairement occupés par une ou plusieurs branches du tronc celtique,
il en est deux encore, entre toutes celles que l'on y pourrait
ajouter, qui ont un intérêt particulier. Dans un passage de sa
description de la Scythie (lib. IV, c. 123), Hérodote nomme
quatre rivières qui allaient porter leurs eaux à la mer Méotide:
c'étaient le *Lukos*, l'*Oaros*, le *Tanaïs* et le *Surghis* ou *Hurghis*.
Oar-os, nous l'avons déjà vu, est une transcription du mot *var*,
aussi exacte que le comportait l'alphabet grec. Nous parlerons
bientôt du *Tanaïs*; quant au *Luk-os* et au *Surgh-is*, ce sont deux
noms purement celtiques. *Lek*, *Leech*, *Loeg*, *Lig*, sont des syl-
labes très-communes au commencement des noms de rivières
dans les pays celtes, surtout dans les provinces kimriques: nous
nous bornerons à citer l'ancienne *Ligeris*, aujourd'hui la Loire.
Louk en sanskrit est un étang, dans l'esclavon *luja*. Quant
au *Surghis* ou *Hurghis*, Σύργις pour Ύργις, on le retrouve tout

rénées sur une partie de l'Espagne (1), et, en se portant au Nord, jusque dans la haute Écosse (2). Et cette vaste dissémination du primitif *dour* a, pour la Gaule, ceci de particulièrement remarquable, que c'est précisément dans les parties du pays qui ont été regardées de tout temps comme le domaine spécial de la race gaélique, ou des Celtes proprement dits, que l'emploi en est surtout fréquent, tandis qu'il est beaucoup moins commun dans les provinces du nord et du nord-ouest, plus spécialement attribuées à la branche kimrique.

entier dans l'ancien nom du Weser, *Visurgis*; on le reconnaît encore dans la *Sorgue*, rivière de la Provence formée par les eaux impétueuses de la célèbre fontaine de Vaucluse. *Sorgues* est aussi une rivière du bassin du Tarn. Le latin *surgere* (*surgir*, *sourdre*), aussi bien que notre mot *source*, se rattachent à la même racine que cette antique appellation. Cette racine appartient au zend et au sanskrit, *Arg*, dans ces deux idiomes, exprime l'idée d'un torrent impétueux. On peut lire à ce sujet les remarques de M. Eugène Burnouf dans son *Commentaire sur la Yaçna*.

(1) La racine *tor*, *tour*, *dour*, appliquée aux dénominations de rivières et de torrents, est commune dans les Asturies et dans la Galice. Le *Douro*, autrefois *Durius*, est la plus grande rivière du nord-ouest de la Péninsule; un de ses affluents porte aussi le nom de *Douraton*. Les Celtes s'étaient avancés fort loin au sud le long de la côte orientale de l'Ibérie; car la rivière de Valence, connue sous le nom de Guadalaviar depuis les temps de la domination arabe, était autrefois nommée *Dourias* ou *Touria*.

(2) *Dour* et *Daouona* sont citées par Ptolémée parmi les rivières de l'Irlande; on y trouve encore la *Thurso*, la *Durness*, etc. On sait que l'Irlande était un pays gaélique. *Durius* était aussi une rivière du Devonshire actuel, qui est une province kimrique. En Écosse (Gaëls), nous trouvons entre autres le *Torredon*.

Il serait donc plus que hasardeux de prétendre
décider aujourd'hui si les dénominations de rivières
d'origine évidemment celtique autrefois répandues
au nord du Pont-Euxin, appartiennent aux Kimris
que nous savons y avoir dominé depuis une époque
très-reculée, ou si ces dénominations nous révèlent
le passage encore plus ancien d'une tribu gaélique,
se dirigeant par la vallée du Danube vers les Alpes
et les Pyrénées ; il ne le serait pas moins de vouloir
déterminer d'une manière précise à quelle tribu, à
quelle branche particulière de la souche irânienne
appartient l'appellation *dan*, signifiant également
eau ou rivière, et qui est si profusément répandue
dans la même région. Hérodote, nous l'avons vu,
connut déjà le nom de *Tanaïs* appliqué au plus grand
fleuve que reçoive la Méotide ; et la même appellation est aisément reconnaissable dans les noms composés *Danapris*, *Danaster*, *Danubium*, ainsi que
dans une foule d'autres analogues, indépendamment du *Vardan* où nous l'avons déjà signalée. Si
cette racine se trouve dans les idiomes occidentaux
de l'Europe, elle est loin de leur être exclusive (1).

(1) Les noms de rivières des pays gaéliques et des pays kimriques que nous avons cités en si grand nombre, ont montré fréquemment l'emploi du mot *don*, quelquefois contracté en *on* à la
fin des mots, et nous pourrions en étendre beaucoup la liste
Dans les dictionnaires gaéliques, on trouve aujourd'hui *tonn*
avec l'acception de vague (de la mer). *Don* et *Doun* se retrouvent, avec la signification d'*eau* et de *rivière*, dans la langue de
l'Ossethi, au cœur du Caucase, langue dont M. Klaproth a le
premier établi la parenté intime avec les idiomes médiques et

Il est néanmoins présumable, à raison de l'antiquité
à laquelle remontent la plupart des dénominations
géographiques dans lesquelles elle est entrée, qu'il
faut les attribuer aussi à un rameau de la famille
celtique.

Plus d'un indice de même nature atteste que des
tribus kimriques ou gaéliques ont jadis pénétré le
long de la côte orientale du Pont jusqu'en Colchide,
et qu'elles y ont eu des établissements. Non-seulement une rivière et une baie remarquables de la
côte tcherkesse ont gardé jusqu'à nos jours le nom
antique de *Vardan*, que le Kouban a perdu depuis
longtemps (1) ; mais plusieurs rivières de l'ancienne
Colchide, le *Kharos*, le *Khariens*, l'*Isis*, le *Rhéon*,
sont des appellations dont les homonymes se retrouvent dans toutes les contrées celtiques. C'est par

persans. C'est le *dhuni* du sanscrit, du radical *dhu* ou *dhûn*,
se mouvoir, bouillonner. Le grec avait δίνη, tournant d'eau,
gouffre, tourbillon. M. Klaproth a remarqué (*Nouv. Journal
Asiat.*, t. I, 1828, p. 50) qu'en osse *doniou*, je bois, dérivé du
substantif *don*, est tout à fait analogue au verbe irlandais *diním*
qui a la même signification, quoique la racine soit maintenant
inusitée dans les langues teutoniques et gothiques. Il est singulier de la retrouver dans les langues finnoises, qui montrent
ici un nouveau point de contact avec les langues irâniennes. En
livonien, branche du tronc finnois, l'eau se dit *oudens*. Cette
dernière forme se rapproche du *vodi* slave et de ses analogues.

(1) Sur le versant septentrional du Caucase, deux rivières du
bassin du Térek ont aussi une grande analogie de nom avec le
Vardan : c'est l'*Arredon*, rivière de l'Ossethi, dont le nom est
prononcé par les Tcherkesses *Ardan* (Klaproth, *Voy. au Cauc.*,
t. II, p. 218), et le *Farthan*, qui arrose le pays des Kara-bou-
laks, tribu mitzdjéghi.

cette route, on peut le supposer, la même que prit un détachement de Kimris au septième siècle avant J.-C. pour échapper à la poursuite des Scythes, que déjà à plusieurs reprises des essaims de la même famille étaient allés chercher des terres en Asie-Mineure (1).

Nous avons cité la racine *arv* au nombre des mots primitifs transplantés hors des plaines de l'Iran par les émigrations kimriques ou gaéliques. Ce radical, dont nous avons retrouvé plusieurs applications autour des Alpes et sur le penchant maritime des montagnes de la France méridionale, paraît avoir pris de bonne heure la forme *arg*, que M. Eugène Burnouf, dans ses profonds travaux sur les anciens idiomes irâniens, a démontré ne pas être différent de l'*arv* sanskrit, et qui est en effet une rivière de l'Iran dans le Boundehesch. Cette rivière se montre dans les écrivains de l'antiquité classique sous le nom de Marg, *Margus*, et aujourd'hui encore les Orientaux la nomment *Margab*, en ajoutant à la dénomination primitive le mot (*ab*) qui chez les Persans modernes désigne une rivière. Les tribus irano-celtiques emportèrent avec elles l'usage simultané des deux appellations *arv* et *arg*; car celle ci

(1) Les traces des établissements anté-historiques des tribus de langue celtique en Asie-Mineure se montrent en grand nombre dans les dénominations de rivières et de montagnes. Nous citerons parmi les plus frappantes les deux *Cragus* de la Lycie et de la Cilicie : c'est le *craig* (rocher) du gaélic, et le *crag* du kumraeg. Le Caïque avait primitivement porté le nom d'*Adouron*, et un des affluents du Sangarius celui de *Touria*.

se rencontre dans plusieurs noms de rivières de la vallée inférieure du Danube, région qui n'est pas moins abondante que la Gaule elle-même en dénominations celtiques (1). Nous citerons l'*Arghisch* de la Valakie, altéré par les anciens auteurs en *Ardeiscus*, et l'ancien *Margus* de la haute Mœsie, dont la prononciation slave a fait Morava, comme pour montrer par un nouvel exemple la permutabilité constante du *g* en *v*, et réciproquement. Chez les Gaëls de l'Irlande, la nomenclature des rivières recueillie par Ptolémée nous fournit l'*Arghita* et le *Bargos* ou *Birgos*. *Orgus* était aussi une rivière de la haute Italie, aujourd'hui l'Orco. Toutes les provinces du sud, du nord et du centre de la France ont un grand nombre de rivières du nom d'*Argens*, d'*Argent*, d'*Argue*, *Arc*, etc. Nous avons déjà fait remarquer (2) l'analogie de forme et de sens que notre mot *source*, et le latin *surg-ere*, ainsi que quelques noms de rivières qui s'y rattachent directement, présentent avec le radical *arg* de la langue zend. L'*Aragon*, affluent septentrional de l'*Iberus* hispanique, ne nous révèle pas seulement la pré-

---

(1) Ces homonymies celtiques se prolongent dans toute la Macédoine, et dans la péninsule hellénique jusqu'au cœur du Péloponèse. Pour les pays pélasgiques comme pour les autres contrées de l'Europe, l'étude comparative de la nomenclature géographique est une veine encore à peu près inexploitée, et qui cependant, nous ne saurions trop le répéter, recèle de précieuses indications pour l'éclaircissement des temps antérieurs à l'histoire écrite.

(2) Ci-dessus, p. 124, note.

17

sence au sud des Pyrénées de l'antique appellation
irânienne : l'*Aragon-Subordan*, la *Vera*, l'*Esca* et
l'*Arga*, dont se grossit le courant principal, montrent une réunion très-remarquable de dénominations celtiques groupées dans un même bassin,
précisément à l'opposite de ce grand centre d'établissements congénères qui s'appuyait sur le versant nord de la chaîne vers l'Adour et la Garonne.

Ceux qui se fondaient sur une ressemblance illu-
soire de noms pour établir une communauté directe
d'origines entre l'Ibérie occidentale et l'Ibérie du Caucase, avaient noté depuis longtemps, entre autres
analogies dont tout ce qui précède nous a mis à
même de mieux apprécier le caractère, l'identité du
nom de cette rivière *Aragon* avec l'*Aragus* que les
auteurs classiques mentionnent parmi les principaux
affluents du Cyrus ibérien. La ressemblance est
réelle, mais non la conséquence. L'*Aragus* a conservé son nom, dont la forme géorgienne est *Aragvi*,
et ce nom se rattache sans nul doute à la même racine que des homonymes des pays celtes. Mais faut-il
le rapporter à quelque établissement que les Kimris du nord du Caucase auraient autrefois formé au
sud de la chaîne, ou bien seulement à la diffusion
générale sur tout le Plateau Caucasien de populations issues, comme les Kimris, de la souche irânienne? c'est ce que nul aujourd'hui ne saurait dire.
Remarquons seulement que le nom du *Térek*, rivière qui coule au nord du Caucase, ne nous paraît

pas avoir différé dans ses éléments constitutifs de celui de l'Aragvi, et que même ce dernier nom lui est encore donné maintenant dans sa vallée supérieure (1).

Il est un autre nom plus célèbre dans la géographie et dans l'histoire, où nous croyons reconnaître encore le même radical : c'est l'*Araxe*. On sait que ce nom d'Araxe fut autrefois très-répandu dans tout l'Orient, depuis la Bactriane jusqu'au golfe Persique, et du golfe Persique au Caucase (2); et d'Anville a remarqué avec raison que cette multiplicité du même nom dans tant de contrées diverses devait le faire considérer comme un terme appellatif plutôt que comme un véritable nom propre (3), — ob-

(1) Klaproth, *Voyage au Caucase*, t. I, p. 423. L'identité originaire des deux noms est seulement déguisée par l'addition initiale d'une consonne dure dans celui de *T-erek*. Le *Tch-orokh*, grande rivière de la région-alpine occupée par les Lazes, ne nous paraît également qu'un *Arag* modifié par la prononciation barbare des tribus montagnardes. La prodigieuse diversité que présentent les nomenclatures de la géographie naturelle serait grandement réduite, si l'on pouvait toujours ainsi ramener les noms d'une même région à leurs éléments primitifs.

(2) Araxe avait même été dans les anciens temps, au rapport de Strabon, le nom du fleuve principal de la Thessalie.

(3) *Géographie ancienne abrégée*, t. II, p. 308. D'Anville écrivit en 1768 un Mémoire spécial sur les différents fleuves du nom d'Araxe. A la nomenclature qu'il en a donnée, on peut ajouter la grande branche orientale de l'Euphrate (notre Mouradtchaï actuel), dont l'ancien nom arménien, *Aradzani*, l'*Arsanias* des auteurs classiques, n'est aussi indubitablement qu'un *Araxe* déguisé. On peut voir, sur ce nom d'*Aradzani*, Saint-Martin, *Mémoires sur l'Arménie*, t. I, p. 50, et le *Journal des Savants*, 1820, p. 109.

servation que notre grand géographe aurait pu étendre à bien d'autres dénominations anciennes. *Araxe*
ne nous paraît être que le radical *arg*, avec l'inter-
position d'une voyelle médiane purement adoucis-
sante, *arag*. Les arméniens écrivent *Eraskh*, les
Géorgiens *Rakhsi*, les Arabes, les Turks et les Persans *Aras* ou *Ras*. Cette dernière forme, où la dé-
générescence du terme primitif paraît avoir atteint
son terme extrême, fait songer au nom de *Rha* que
porte le Volga inférieur dans Ptolémée, au second
siècle de notre ère. A cette époque, le nord de la
mer Caspienne était occupé par des hordes alani-
ques originaires des plaines de l'Asie centrale et
parlant un dialecte de souche iranienne. *Rhah* est
aussi en Arménie le nom d'une rivière affluente du
haut Araxe.

Après l'Araxe, le plus grand fleuve du Plateau
Caucasien est le *Kour*. *Kour* est la forme que les
Persans donnent au mot, de même que les anciens
Grecs (1) ; les Géorgiens, dont cette belle rivière
traverse le pays, écrivent Mtkvari ; ce qui n'est
autre que *Kuari*, précédé de ce que les grammai-
riens appellent une particule déterminative. De
même que le nom d'Araxe, et par une raison semblable, ce nom de Kour fut autrefois commun à
plusieurs rivières connues des auteurs classiques
dans la Perse et la Mésopotamie ; la nomenclature
de la géographie moderne surtout, plus étendue

---

(1) C'est par suite de notre méthode horriblement vicieuse de
transcrire l'ancien grec, que de Κῦρος nous avons fait *Cyrus*.

que celle des anciens, nous en fournit un très-grand nombre, non-seulement dans la région du Caucase, mais aussi dans toute la Perse et dans les pays de l'Euphrate, où le mot *khor* entre comme radical. Ce mot, en effet, se rattache évidemment à une racine commune à tout le groupe des langues hindo-celtiques et qui existe aussi dans les langues dites sémitiques. C'est l'hébreu *khour* ou *karah*, creuser, creux, profond, analogue à l'arménien *khor* ou *khorin*, qui a la même signification. Le Kour se fait remarquer sur plusieurs points par le profond encaissement de ses rives ; le même caractère est commun, d'après les relations de nos voyageurs, à d'autres rivières du même nom que l'on rencontre dans le Caucase (1). Le grec avait χοῖλος (*koïlos*), où l'*r* de la racine orientale s'est changé en *l* par une transformation très-commune ; la même substitution existe dans l'allemand *hohl*, dans l'anglais *hollow*, etc. Mais l'*r* du radical primitif (ΚR) reparaît dans plusieurs mots grecs de la même famille (2), ainsi que dans notre mot cr-eux. L'hébreu a aussi *makhor*, source, dont l'analogue se retrouve d'ailleurs dans quelques dialectes caucasiens (3) ; en grec, *kharadreón* était le terme employé pour désigner un torrent, ou plutôt le lit que se creuse un

(1) Voy. Klaproth, *Voyage au Caucase*, t. I, p. 513. Comp. p. 322, etc., etc.

(2) Notamment dans κρύπτω, et dans χάραξ, synonyme de χοῖλος.

(3) Dans le dialecte kazi-koumouk (Lesghi), *koula* est une source. Cp. l'allemand *quell*.

courant impétueux. Le mot *tzkhari*, ou *tzqáli* est resté dans le géorgien et dans ses principaux dialectes avec la signification d'*eau* (1); on y trouve aussi *tchkarad* avec le sens de vitesse, de rapidité, tout à fait analogue au χαραδρεῶν des Grecs, ainsi qu'à nos expressions *cours*, *courant*, dérivés de *courir*, et appliqués au mouvement continu de l'eau des rivières. L'enchaînement des idées correspond ici à la ressemblance des mots.

Notre investigation des origines ethnologiques du Caucase serait complète, s'il nous était possible d'y faire entrer d'une manière utile un élément bien important dans la question, le caractère physique des races. Mais ce secours nous est interdit. Quoique les observations des voyageurs sur ce sujet ne soient à beaucoup près ni aussi précises, ni aussi étendues que la science le demanderait, elles suffisent cependant pour nous faire entrevoir un fait capital : c'est que dans le Caucase, non plus que dans la plupart des contrées de l'Asie occidentale et dans la presque totalité de l'Europe, on ne trouve pour ainsi dire plus de *type national* nettement tranché et bien défini. Les rapports de toute nature qui ont eu lieu de race à race depuis le commencement des temps historiques, mais surtout depuis la propagation du christianisme, ces rapports que le progrès

---

(1) Les dialectes lesghi du Caucase oriental ont *hor* et *khor*. Klaproth, *Voyage au Caucase*, t. II, Vocabulaires, p. 338. Comparez ce que nous avons dit précédemment de cette dernière racine, ci-dessus, p. 103, note.

continu de la civilisation générale tend à rendre toujours plus fréquents et plus intimes, ont produit
tant de mélanges, de croisements, de superféta-
tions, que les traits caractéristiques se sont partout
adoucis, sinon effacés, et qu'une sorte de race mixte
s'est formée qui s'étend aujourd'hui depuis l'Indus
jusqu'à l'Atlantique. Chaque race originellement
distincte a sans doute conservé un certain caractère
dominant, un certain air de physionomie, qui rappellent encore jusqu'à un certain point l'ancien type
national, en tant du moins que les données exis-
tantes nous permettent de comparer des époques
suffisamment éloignées; sans doute les types purs
existent encore çà et là, soit individuellement, soit
à l'abri de certaines circonstances locales : mais en
général il est vrai de dire que l'on ne trouve plus
dans notre monde occidental ces groupes nettement
caractérisés au point de vue physique tels qu'ils
existèrent dans les temps primitifs, tels qu'on les
trouve même encore dans les contrées extra-euro-
péennes placées sous d'autres conditions sociales.
De là — et cette remarque s'applique au Caucase
autant qu'à aucune région européenne, — de là ces
contradictions perpétuelles dans les descriptions que
des voyageurs différents nous tracent des mêmes
peuples, résultat du cadre trop restreint des observations, et d'une disposition habituelle à conclure
trop prématurément du particulier au général; de là
ces doutes, cette confusion, ces discussions inextri-
cables sur des points de fait non moins que sur des

points de doctrine, même dans les questions les plus à notre portée, et que l'on croirait les plus faciles à résoudre.

Avons-nous besoin d'ajouter que rien dans l'ethnographie du Caucase, soit qu'on se reporte aux temps auxquels remontent nos documents historiques les plus anciens, même les documents bibliques, soit que l'on considère l'état de choses actuel, n'est de nature à justifier l'expression de *race caucasique* anciennement introduite dans la classification des peuples, et que quelques naturalistes y conservent encore? Le Caucase a été un centre d'agglomération et un lieu de passage, non un foyer de diffusion ; il a reçu ses habitants de plusieurs points opposés de l'Asie, et n'en a lui-même donné à aucune contrée de l'ancien monde, si ce n'est qu'à certaines époques de l'histoire il devint une halte pour quelques-unes des grandes migrations que l'intérieur de l'Asie a versées sur l'Europe. Mais si la région caucasienne ne peut revendiquer le rôle qu'une expression abusive semblait lui assigner dans l'histoire primitive du monde, ce caractère seul de station intermédiaire dans les grandes migrations asiatiques suffit à rattacher son histoire primordiale aux origines d'une partie des nations de l'Europe, et explique assez l'intérêt presque instinctif qui s'attache pour nous à tout ce qui se rapporte à ses propres antiquités.

III.

Des Ases et de l'Asie Caucasienne.

——————

§ I.

Traditions géorgiennes relatives à l'ancien établissement des Khâzars dans les hautes vallées du Caucase. Que cette tradition se rapporte aux Ases. — De l'origine des Ases et de leur parenté ethnologique.

Nous reprenons la suite de la chronique géorgienne.

« A cette époque, poursuit le vieux monument traditionnel, les *Khâzars* devinrent puissants, et commencèrent une guerre contre les descendants de Lek'os et contre les K'avk'asiens. Tous les Thargamosiens vivaient alors en paix et en bonne intelligence entre eux. Dourdrouk, fils de Tirethi (ou Tineni), régnait sur les descendants de K'avk'as : il invita les six autres peuples thargamosiens à venir à son secours contre les Khâzars. Alors tous les Thargamosiens se réunirent, traversèrent le mont K'avk'as et pillèrent les contrées limitrophes de Khazarethi. Ils construisirent une ville à la frontière de ce pays et retournèrent chez eux. Sur ces entrefaites, les Khâzars se choisirent un roi, lui jurèrent

tous obéissance et lui prêtèrent hommage. Sous sa
conduite, ils passèrent par Zghwis-K'ari (1), appelée à présent Daroubandi, et firent une irruption
en Géorgie. Les Thargamosiens n'étaient pas en état
de leur résister. Les Khâzars étaient innombrables ;
ils pillèrent tout le pays et détruisirent toutes les
villes, tant celles qui étaient voisines de l'Ararat et
du Masisi, que celles qui étaient situées plus au
nord. Il n'y eut que les forteresses suivantes qui
restèrent intactes : Thoukarisi, Samchwildé, Mtk'va-
ris-Tsikhé, c'est-à-dire Khounani, ainsi que les
pays de Chida-Karthli et d'Egrisi. Les Khâzars con-
naissaient les deux passages par les montagnes, celui de Zghwis-K'ari ou Daroubandi, et celui de
l'Aragvi ou Dariéla. C'est par ces deux défilés qu'arrivèrent toujours de nouveaux Khâzars ; ils pillèrent les Thargamosiens, qui ne pouvaient alors rien
contre eux et qui devinrent leurs tributaires.

» Quand le roi des Khâzars vint pour la première fois en Géorgie, il s'en retourna par le Caucase, et donna à son fils Ouobos les captifs de Kar-
thel-Somkhiti, et la partie des pays caucasiens à
l'occident du fleuve Lomeki (Le Terek), jusqu'à l'extrémité des montagnes. Ouobos s'y établit et appela son peuple *Ovsi* : ce sont les habitants de l'*O-
sethi*, qui est une partie du Caucase. Dourdzouk,
qui était le principal entre les descendants de
K'avk'as, se retira dans de profondes vallées ; les

---

(1) Littéralement la Porte de la Mer. C'est la passe de Derbend,
les *Portes Albaniennes* des auteurs classiques.

appela de son nom *Dourdzouk'ethi*, et paya un tribut au roi des Khâzars. A l'époque de son invasion en Géorgie, ce dernier donna à son neveu la partie orientale du pays de Lek'an, depuis la mer jusqu'au fleuve de Daroubandi. Cependant Khosanos, le plus vaillant parmi les fils de Lek'os, se retira dans les hautes montagnes et y bâtit une ville qu'il appela de son nom *Kozanikhethi*. C'est là que se rendirent alors beaucoup de colons. Tous ces peuples furent les tributaires des Khâzars.

» Dans ce temps, les Perses devinrent puissants; ils habitaient à l'orient du peuple de Nebrod (1), et le subjuguèrent. Un héros parmi eux, nommé Ap'hridon, lia le Seigneur des Serpents avec des doubles chaînes et l'attacha sur une montagne inaccessible aux autres hommes, comme il est écrit dans les histoires persanes. Ap'hridon s'empara alors de toute la Perse et des autres pays que le Seigneur des Serpents avait conquis. Il établit des eristhavi (2) et beaucoup de contrées lui étaient soumises (3).

(1) C'est-à-dire des Assyriens.

(2) Chefs du peuple, ou satrapes.

(3) *Ap'hridon* est le *Feridoun* des traditions persanes. Le Seigneur des Serpents est *Dzohâk*, appelé aussi *Dzohâk Mâri*, ou Dzohâk aux Serpents. Dzohâk et Feridoun jouent un grand rôle dans l'histoire héroïque de l'Iran. Le premier paraît être la personnification d'une ancienne domination arabe, sémitique ou assyrienne sur la Perse; le second, d'une réaction nationale de l'Iran contre les dominateurs étrangers. Voy. J. Malcolm, *History of Persia*, vol. I, p. 17 et suiv. Lond., 1815, in-4°; Saint-Martin, *Mémoires sur l'Arménie*, t. II, p. 190, 1819; Klaproth, *Tableaux historiques de l'Asie*, p. 6. Paris, 1826.

» Il envoya aussi un de ses eristhavi, nommé Ardam, de la race de Nebrod, avec une armée, contre la Géorgie. Celui-ci détruisit toutes les villes et les forteresses, et tua tous les Khâzars qu'il trouva. Cet Ardam-Eristhavi construisit une ville au défilé de Zghwis-K'ari, et l'appela *Douroubandi*, c'est-à-dire Porte-Fermée. Il entoura aussi la ville de Mtskhetha d'un mur en pierres construit avec de la chaux, car avant son temps on ignorait en Géorgie cette manière de bâtir. Il fortifia le château d'Armazi d'une muraille semblable, qu'il prolongea jusqu'au fleuve Mtk'vari, à l'endroit où il décrit le coude d'Armazi. Ardam fut eristhavi pendant de longues années, et quand Ap'hridon partagea son empire entre ses trois fils, celui d'entre eux qui résida en Perse eut aussi la Géorgie en partage. Ce fut Iared (1). Alors les Karthlosiens devinrent sujets des Grecs,... (2).

» La partie inférieure du pays situé sur le fleuve Égrisi resta aux Grecs (3). Ses habitants conclurent

(1) L'Iredj des Persans.

(2) Il manquait ici un feuillet dans l'original sur lequel a été faite la traduction publiée par M. Klaproth.

(3) Voici sur ce passage la note de M. Saint-Martin (*Mém. sur l'Armén.*, t. II, p. 190) : « Bien longtemps avant l'invasion d'Alexandre en Asie, les Grecs avaient établi des colonies sur toutes les côtes du Pont-Euxin, et ils en avaient plusieurs dans la Colchide. Il serait fort possible que l'envie d'étendre leur commerce dans l'intérieur des pays qui les environnaient les eût portés à y faire des expéditions militaires. Les historiens grecs ne nous ont conservé aucun renseignement sur les guerres que leurs colonies de la mer Noire ont pu entreprendre contre les peuples du Cau-

une alliance avec les Osi, et entrèrent en campagne avec eux. Ils trouvèrent l'éristhavi perse dans une vallée resserrée et le tuèrent, et tout ce qu'il y avait de Persans fut massacré par les Géorgiens et les Osi. De cette manière, la Géorgie fut délivrée, mais Rani et Erethi restèrent aux Persans. Plusieurs années après, le roi de Perse Kek'apos se rendit célèbre et devint puissant. Il y avait alors dans le pays de Lek'ethi un homme de la race des magiciens, qui par ses prestiges aveugla le roi Kek'apos avec toute son armée, de sorte qu'il ne put pas faire la guerre contre le Lek'ethi, et qu'il fut obligé de retourner sur ses pas. Ensuite il obtint derechef la faculté de revoir la lumière. A cette occasion, il rendit la Géorgie tributaire, et retourna dans son pays (1).

» Peu d'années après, on reçut la nouvelle que

ease; l'histoire de Géorgie nous a seule transmis cette tradition importante et extrêmement vraisemblable. »

(1) Kek'apos est le Kaï-Kaous des traditions persanes. Il est question, dans le Chah-Nameh d'une expédition malheureuse du roi Kaï-Kaous dans le Mazanderan, où il fut aveuglé, ainsi que toute son armée, par les enchantements du Dew Sépid (le Génie Blanc), et il fut obligé d'appeler à son secours le héros Roustem, qui le tira de ce mauvais pas (Saint-Martin, *Mém. sur l'Arm.*, II, 191; J. Malcolm, *Hist. of Pers.*, I, 34; J. Klaproth, *Tabl. histor. de l'Asie*, p. 14). Ceux qui ont tenté de concilier les traditions héroïques de l'ancien Iran avec les récits des historiens grecs se sont accordés à identifier Kaï-Kaous avec le Kiaxarès d'Hérodote, ce qui ferait descendre au septième siècle avant notre ère cette guerre des Persans contre les Lesghi, ou, selon Firdoussi, contre les barbares du Mazanderan. Volney, *Recherches nouvelles sur l'histoire ancienne*, t. II, p. 286, 1re édit., 1814; Malcolm, *Hist. of Pers.*, l. c.; Klaproth, *op. cit.*, p. 20.

Moïse et les Israélites avaient passé la mer, et qu'ils avaient été nourris par la manne dans le désert. Tout le monde en fut étonné, et loua le dieu d'Israël. Quelques années ensuite, le roi Kek'apos ayant une guerre à soutenir contre les Touraniens, les Arméniens et les Géorgiens profitèrent de cette occasion pour se délivrer du joug des Persans. Ils fortifièrent leurs châteaux et leurs villes, et tous les descendants des Thargamosiens se réunirent ; mais bientôt le roi de Perse Kek'apos envoya son fils Pharchroth à la tête d'une grande armée contre les Arméniens et les Géorgiens, et contre tous les Thargamosiens. Ceux-ci se rassemblèrent et entrèrent dans l'Adrabadagani (1) ; ils vainquirent et chassèrent Pharchroth, et tuèrent ses guerriers. Plus tard, Kek'apos expédia contre eux son petit-fils, le fils de Chiouch le Fortuné (Siavesch), qui fut tué dans le pays des Kourths, comme on le lit dans les livres persans. Ce fils de Chiouch, nommé Kaï-Khosrou, arriva, et les Arméniens ni les Géorgiens ne purent lui résister... Cependant, quelques années plus tard, quand Kaï-Khosrou était occupé à faire la guerre aux Touraniens pour venger sur eux le sang de son père, les Arméniens et les Géorgiens se délivrèrent et tuèrent l'éristhavi des Perses... Lorsque des fugitifs de Sberdznethi (2), d'Assourethi ou du Khazarethi arrivaient en Géorgie, ils y étaient

(1) L'Atropatène, ou Aderbaïdjan.
(2) C'est-à-dire des pays voisins de la mer de Sber, ou du Pont-Euxin. Voy. ci-dessus, p. 88.

reçus de la manière la plus amicale , afin qu'ils aidassent à la défense contre les Persans.

» Dans ces temps, beaucoup de fugitifs *Ouriani* (1) arrivèrent en Géorgie, car l'an 3360 après Adam, le roi Naboukhodoniser avait saccagé la ville de Jérusalem... Jusqu'à cette époque les Karthlosiens n'avaient parlé que la langue géorgienne ; mais après que d'innombrables familles étrangères se furent établies dans le pays, l'idiome des habitants changea et fut mélangé d'un grand nombre de termes étrangers. Le peuple adopta des croyances mauvaises, n'eut plus d'égard à la parenté dans les mariages, se nourrit de toutes sortes d'animaux, et mangea les morts au lieu de les enterrer.

» Quelque temps après, Spandiat, le Géant d'airain (2), fils de Vachtachabi roi de Perse, marcha contre les Arméniens et les Géorgiens... Quelques années plus tard, son fils, nommé Baaman, et surnommé Ardachir (3), régna en Perse. Ce fut le plus puissant de tous les rois de Perse, les Géorgiens lui payaient tribut. Dans leur pays habitaient alors divers peuples qui parlaient différentes langues, telles que l'arménien, le géorgien, le khâzar, l'assyrien, l'hébreu et le grec... »

La Chronique arrive ici au temps d'Alexandre le

---

(1) Ce sont les Juifs. Klaproth, *Voy. au Cauc.*, t. II, p. 199.

(2) C'est Isfendiâr, fils de Guschtâsb, surnommé en effet *Rouïnten*, ou Corps de Bronze.

(3) Bahmen, ou Ardeschir-Diraz-dest, l'Artaxercès Longuemain des Occidentaux.

Grand et à son expédition supposée dans le Caucase, que lui attribue, on ne saurait dire sur quels fondements (1), la tradition universelle des Orientaux. Nous ne la suivrons pas sur ce nouveau terrain. Quand nous aurons à retracer l'histoire géographique des pays caucasiens à cette époque, ce sera dans d'autres sources plus certaines et plus abondantes qu'il nous faudra puiser nos renseignements.

Dans la partie de la Chronique que nous venons de transcrire, on a pu remarquer, outre le mélange fréquent de circonstances empruntées aux traditions persanes, un essai d'agencement des faits selon l'ordre des temps. Cette chronologie est assurément bien grossière, et l'on y voit rapprochés des événements d'époques certainement très-différentes ; ce qui résulte clairement de l'ensemble du récit, c'est que durant une longue suite de siècles l'histoire de la Géorgie se rapporte à peu près exclusivement aux luttes du peuple de Karthlos contre la domination des grands empires de l'Asie occidentale, et aux alternatives d'indépendance et de soumission qui en furent le résultat. C'est à cela aussi que se réduit en grande partie l'histoire de l'Arménie pendant la même période (2). Mais parmi ces faits plus ou moins avérés qui

_____

(1) Peut-être quelque expédition militaire d'un de ses capitaines, ou, plus probablement encore, de l'époque des Séleucides.

(2) Comp. le Précis de l'histoire de l'Arménie de M. Saint-Martin, dans ses *Mémoires sur l'Arménie*, t. I, p. 283 et suiv., et un passage d'Hérodote, III, 97. — Quant à la Chronique géorgienne du roi Vakhthang, on a vu que les documents sur les-

se trouvent consignés dans les chroniques nationales de la Géorgie, il en est un sur lequel nous devons nous arrêter, parce qu'il se rapporte directement aux origines ethnographiques de la haute région du Caucase : c'est la mention que l'on y trouve de l'arrivée très-ancienne d'un peuple désigné dans la Chronique sous le nom de *Khâzars*.

Les Khâzars sont un de ces peuples nomades de la Haute-Asie, qui à toutes les époques de l'histoire sont descendus de leurs régions du nord pour chercher des établissements dans les contrées plus méridionales, ou seulement pour s'y livrer à des incursions temporaires. Quelques passages tronqués et mal interprétés des auteurs grecs de l'époque byzantine, joints à une phrase inexactement traduite d'un géographe persan, les avaient fait ranger parmi les peuples de famille turque : l'erreur a depuis été reconnue, et les savants s'accordent maintenant à les regarder comme appartenant à la souche ouralo-finnoise (1). La première mention historique des

quels elle se fonde pour l'histoire ancienne du pays ont été rédigés successivement à des époques différentes. Plusieurs indices sembleraient devoir placer vers le 2ᵉ siècle de notre ère la rédaction originale de la portion que l'on vient de lire.

(1) C. M. Frähn, *De Chazaris.* Petropoli, 1822, in-4°. J. Klaproth, *Mémoire sur les Khâzars*, dans le *Journal Asiatique*, t. III, p. 153, 1823. Add. du même, *Tableaux histor. de l'Asie*, p. 268 et suiv., 1826, et une note dans l'*Histoire primitive des peuples de la Russie* du comte Potocki, p. 234. 1829. M. C. d'Ohsson a savamment résumé ce qui regarde les Khâzars, dans son ouvrage intitulé *Des peuples du Caucase au xᵉ siècle*, p. 46 et 190; 1828. On voit

Khâzars se trouve dans l'histoire d'Arménie et se
rapporte à la fin du second siècle de l'ère chrétienne.
Dans les siècles suivants jusqu'au dixième ils figurent
fréquemment dans les historiens de l'époque byzantine, et sont souvent cités par les écrivains musulmans; leur nom se trouve encore, au commencement
du xiii⁰ siècle, parmi ceux des peuples engloutis
dans l'irruption mongole. Dans tout le cours de cette
longue période, leurs tribus couvraient les steppes
du nord du Caucase depuis la mer Noire jusqu'à la
mer Caspienne, que l'on appela longtemps de leur
nom mer des Khâzars. Leur présence dans cette région, ou tout au moins dans les vastes plaines qui
couvrent au nord le Pont-Euxin et le Palus Mœotis,
serait constatée par un témoignage direct dès la première moitié du v⁰ siècle avant notre ère, si, comme
l'a supposé un savant polonais (1), et comme il
semble en effet qu'on ait tout lieu de le croire, les
Katiars nommés par Hérodote (2) parmi les peuples scythes, n'étaient autres que les Khâzirs ou
Khâzars des historiens plus récents. Ce qui donne

d'ailleurs clairement par plusieurs passages de Constantin Porphyrogénète, cet écrivain impérial si bien placé pour réunir
des notions certaines sur les peuples barbares qui entouraient,
au dixième siècle, les frontières de l'empire d'Orient, que les
Khâzars ne pouvaient être des Turks. *De Administr. Imp.*, c. 37,
et surtout c. 39.

(1) *Histoire primitive des peuples de la Russie*, par le comte
J. Potocki, publiée en 1829 par M. Klaproth, pp. 33 et 230.

(2) Lib. IV, c. 6. Le nom se retrouve dans Pline (lib. IV,
c. 19) écrit *Cotieri*.

surtout de la vraisemblance à ce rapprochement, indépendamment de l'analogie des noms, c'est qu'Hérodote cite avec les Katiars un autre peuple de même
origine qu'il nomme *Basiléens* (1), dénomination
que les traducteurs ont rendue par *Scythes Royaux*,
selon la signification propre du mot grec; or, la géographie arménienne qui porte le nom de Moïse de
Khorèn, et qui a dû conséquemment être composée
vers le milieu du vᵉ siècle de notre ère (2), nomme
conjointement parmi les peuples de la Sarmatie les
Khazirs et les *Barséliens*, de même qu'un des
chroniqueurs de l'époque byzantine, Isaac Théo-
phanès, fait sortir les hordes khâzares du pays
de *Berzelia* (3). Il peut donc paraître très-pro-

(1) Herod., *Histor.*, l. c. et c. 56.

(2) M. Saint-Martin, dans un Mémoire spécial sur l'époque
de la composition de la géographie attribuée à Moïse de Khorèn (*Mémoires sur l'Arménie*, t. II, p. 315), y a signalé, il est
vrai, différents passages qui ne peuvent appartenir qu'aux siècles
suivants jusques et y compris le dixième, et il a cru pouvoir sûr
ce fondement reculer jusqu'à cette dernière époque la date de la
composition de cette géographie; mais malgré la déférence que
mérite le sentiment d'un homme tel que M Saint-Martin, il
nous paraît que la tradition constante qui toujours attribua cet
ouvrage à Moïse de Khorèn est aussi d'un grand poids, et que
la supposition bien naturelle d'un certain nombre d'interpolations d'époques successives peut aisément concilier toutes les
difficultés. Quel ouvrage géographique de l'antiquité a été à l'a-
bri de ces altérations?

(3) Théophanes, *Chorogr.* p. 298, édit. Rég. Comp. Nicepho-
rus Constantinopolitanus, p. 23; et Géographie de Moïse de
Khorèn, trad. fr. par M. Saint-Martin, dans ses *Mémoires sur
l'Arménie*, II, 355.

bable que les noms recueillis par Hérodote lui auront été transmis sous une forme légèrement altérée. Ses *Katiars* et ses *Basiléens*, nom qu'il faudrait lire *Barsiléens*, ne différeraient pas ainsi des *Khâzars* et des *Barséliens* des siècles postérieurs ; seulement, ainsi qu'il est naturel de le supposer, des déplacements considérables se seraient opérés parmi ces peuples dans le laps de près de onze siècles que ces divers témoignages embrassent. Tandis que les *Basiléens* ou *Barsiléens* d'Hérodote demeurent dans les steppes qui bordent directement au nord le Pont-Euxin et la Méotide, où les placent aussi, au premier siècle de notre ère, Pomponius Mela, Pline et Strabon, qui peut-être n'ont fait que suivre ici l'indication du vieil historien (1), Ptolémée, sept cents ans plus tard, rejette ses Sarmates *Basilidæ* vers les derniers confins du Nord (2), et Moïse de Khorèn, deux cents ans après Ptolémée, met ses *Barséliens* sur le Volga inférieur. Encore faut-il remarquer qu'Hérodote lui-même (IV, 22) connaît assez loin dans l'Est, probablement vers les contre-forts méridionaux des monts Oural, une tribu détachée de ses Scythes *Basiléens*, ἀπὸ τῶν Βασιληιων Σκυθέων ἀποστάντες, dit l'historien.

Quoi qu'il en soit de cette identité, il y aurait encore un intervalle de mille à douze cents ans au moins entre les temps auxquels se rapporte la men-

---

(1) Pompon. Mela, lib. II, c. 1; Plin., IV, 26; Strab., VII, p. 306 B.

(2) Ptolemæi *Geographia*, lib. V., c. 9.

tion d'Hérodote et ceux où il faut placer l'arrivée
des Khâzars sur le Caucase dans la vieille tradition
des Chroniques géorgiennes. Il n'y a certes à cela
nulle impossibilité, et déjà même nous avons eu lieu
plus d'une fois de rappeler que des colonies finnoises
ont dû à des époques très-reculées pénétrer dans la
région caucasienne (1) ; mais une circonstance importante nous persuade que quelque confusion s'est
glissée dans ce passage de la Chronique, et que l'indication que l'on y trouve consignée se rapporte, au
moins en partie, à un peuple autre que les Finnois-
Khâzars.

Cette circonstance, c'est l'établissement dans les
vallées centrales du Caucase du fils du roi des Khâzars, et le nom d'*Ovsi* que, selon la tradition, son
peuple aurait reçu de lui.

Ovsi, *Ossi* ou *Oses* est en effet le nom que les
Géorgiens donnent à un peuple nombreux qui occupe les hautes vallées de la partie centrale du Caucase, sur les deux versants de la chaîne. Chez d'autres
peuples voisins, ce nom se prononce *Iass*, *Iase* ou
Ase, qui en est la forme véritable. C'est par une
habitude vicieuse que nous disons en Europe les
Ossètes (2). Le nom d'*Ouobos*, que la tradition géorgienne attribue à ce fils du roi des Khâzars qui avait
été le premier chef des Ovsi ou Asès, n'a sûrement

(1) Voyez notamment ci-dessus, p. 62, nos remarques au sujet des Sapires.

(2) *Ossethi* est la forme géorgienne du nom du pays, formé de
l'ethnique *Ose*, et de la finale *ethi* qui désigne un territoire.

été imaginé, selon l'usage des peuples primitifs, que pour rendre raison de l'origine inconnue de cet ethnique.

Les Ases se donnent à eux-mêmes le nom d'*Iron*; par leur langue, leurs traditions, et même leur aspect physique, ils se distinguent d'une manière tranchée de tous les autres habitants de la région caucasienne.

Leur origine est certainement étrangère ; ce sont sans aucun doute des colons implantés dans le Caucase au milieu de populations plus anciennes, et que par rapport à eux on peut regarder comme aborigènes.

Mais ces colons ne peuvent être des Khâzars ; car ceux-ci, venus des contrées du Nord, descendent, comme le montrent plusieurs indices péremptoires, de la souche des peuples finnois de l'Oural ; tandis que les Irons ou Ases appartiennent à la grande famille des peuples à cheveux blonds, et que par leur langue, ainsi que par leur dénomination nationale, ils se rattachent directement aux populations médiques ou irâniennes (1).

On se persuadera difficilement qu'un événement

(1) Plusieurs voyageurs du dernier siècle, notamment Güldenstädt et le comte Jean Potocki, avaient donné quelques notions sur les Ossi ; mais c'est surtout à M. Jules Klaproth, qui visita leur pays en 1808, et qui depuis fit de ce peuple et de sa langue une étude particulière, que l'on doit les notions les plus complètes sur ce point de l'ethnographie caucasienne. Un savant russe, M. Sjögren, qui plus récemment a fait un voyage philologique dans le Caucase, vient de publier un travail spécial sur

aussi considérable que l'établissement au cœur même du Caucase d'un peuple tout entier venu du dehors, n'ait pas laissé de traces dans la tradition locale ; ces traces, nous les retrouvons évidemment dans la notion altérée qui semble confondre les Ases avec les Khâzars.

Il ne serait cependant pas impossible que ces deux faits, le passage des Khâzars et l'établissement des Ases, eussent entre eux une connexion réelle, et qu'une colonie irânienne, entraînée jusqu'au fond du Caucase à la suite de quelque incursion des nomades septentrionaux, y fût demeurée sous un chef khâzare. Tout se trouverait ainsi concilié, le fait ethnologique et la tradition.

Le comte Potocki, dans ses études ethnographiques sur les origines de la Russie méridionale, et après lui le célèbre Klaproth dans ses recherches sur les Oses, ont identifié ce double événement avec la grande irruption des Scythes au sud du Caucase, sous leur roi Maduès, 633 ans avant l'ère chrétienne, en rapprochant du récit qu'en fait Hérodote la circonstance qu'y ajoute Diodore d'après une source inconnue, que les Scythes, pendant leur domination de vingt-huit ans sur l'Asie occidentale, envoyèrent au nord du Caucase une colonie de Mèdes, qui y prit le nom de Sauromates (1). Cette conjecture des deux savants voyageurs a, nous le ver-

la langue de l'Ossethi. Ce travail confirme, au moins dans leur généralité, les déductions ethnologiques de M. Klaproth.

(1) Hérodote, liv. I, ch. 103 à 106 ; Diodore de Sicile, liv. II,

rons tout à l'heure, un grand degré de vraisemblance, bien qu'elle puisse paraître en opposition avec les termes de la tradition géorgienne, qui met l'établissement des *Ossi* dans le Caucase sur la même ligne que les plus anciens événements de l'histoire héroïque de l'Iran, et qui semble ainsi le rejeter de beaucoup de siècles en arrière. Mais il y a trop peu de fonds à faire sur ce qui est purement chronologique dans cette histoire traditionnelle du Caucase ancien, pour que ce puisse être là une difficulté sérieuse.

Une objection beaucoup plus concluante s'élèverait contre le rapprochement supposé par le comte Potocki et M. Klaproth, s'il était établi, ainsi qu'on a cru pouvoir l'affirmer, que le nom d'*Asie* ait existé très-anciennement *comme dénomination locale* sur la pente septentrionale du Caucase (1). L'existence locale de ce nom dans la position indiquée y supposerait en effet, on le conçoit, la présence de la tribu qui transporta avec elle cette antique dénomination.

Cette opinion, nous l'avons partagée nous-même, sur la foi des savants qui l'ont avancée, jusqu'au moment où un examen très-attentif des données sur lesquelles elle repose nous en a démontré le peu de fondement.

ch. 43. Voy. J. Potocki, *Histoire primitive des peuples de la Russie méridionale*, p. 111; et Klaproth, *sur les Ossètes*, à la suite du même ouvrage, p 329.

(1) Dubois de Montpéreux, *Voyage autour du Caucase*, t. IV, p. 380; d'après C. Ritter, *Die Vorhalle Europäischer Völkergesch. vor Herodotus*, 1820.

Dans l'état actuel de nos connaissances historiques, *rien ne nous autorise à affirmer que le nom d'Asie ait été connu et usité sur le revers septentrional du Caucase antérieurement au* VIIe *siècle avant notre ère*, ni conséquemment qu'une tribu d'*Ases* y ait été établie avant cette époque.

La récapitulation succincte des faits qui se rapportent à ce point curieux d'antiquité permettra à chacun de nos lecteurs d'asseoir à cet égard son opinion.

Ni Hésiode ni Homère, les deux plus anciens auteurs grecs dont on ne puisse constater l'authenticité, ne connaissent la région caucasienne. Homère, qui nous a très-probablement laissé dans l'Iliade un tableau complet des notions géographiques des Grecs de l'Ionie sur l'Asie-Mineure à l'époque où il écrivait ses poëmes immortels, c'est-à-dire environ 900 ans avant J.-C., Homère ne connaît rien au delà du Thermodon; du moins n'a-t-il recueilli dans ses vers, lui si curieux d'énumérations géographiques, aucun nom de pays, de peuple ou de rivière situé à l'orient de ce fleuve célèbre, et de la terre des Amazones. Il mentionne cependant à diverses reprises l'expédition «mémorable» des Argonautes; mais la terre d'Aétès, dont la renommée est arrivée jusqu'à lui comme un écho lointain, ne lui apparaît, aux derniers confins de l'Orient, qu'à demi enveloppée d'un voile mystérieux. Il ignore même le nom de la Colchide, plus tard si fameux. Hésiode, contemporain d'Homère, et mieux placé

20

que celui-ci pour recueillir de plus amples détails
sur le voyage de Jason au fond du Pont-Euxin, ne
montre pas de connaissances plus étendues ; le seul
nom qu'il mentionne dans la région caucasienne est
celui du Phase, auquel il donne place dans son
énumération des fleuves principaux de la terre (1).
Il est vrai que tout ce qu'avait écrit Hésiode n'est
pas arrivé jusqu'à nous, et que le poëte, à ce qu'il
semble, avait fait de l'expédition des Argonautes le
sujet soit d'un poëme particulier, soit seulement
d'un épisode aujourd'hui perdu de sa théogonie (2).
Sans doute on eût trouvé là les notions de géographie
que la tradition de l'Hellénie rattachait à cet événement des anciens temps ; mais nous ne pouvons
nous appuyer que sur des témoignages écrits, non
sur des conjectures ou des suppositions.

Même le vieux poëme argonautique auquel est
attaché le nom d'Orphée, en admettant qu'en ce qui
se rapporte à la côte orientale du Pont-Euxin la
nomenclature et les détails primitifs n'en aient été ni
augmentés ni modifiés, ne nous fournit rien de plus
pour l'objet spécial de notre recherche. Nous y
trouvons le nom du *Caucase*, ignoré d'Homère et
d'Hésiode (3) ; mais nulle trace du nom d'Asie.

(1) *Théog.*, v. 340.
(2) C'est ce qui paraîtrait résulter d'un passage qu'a noté le
scoliaste d'Apollodore (ad lib. IV., v. 284), et qui ne se trouve
plus dans ce que nous possédons aujourd'hui des vers d'Hésiode.
Voy. les fragments d'Hésiode, édit. Ahrens (*Biblioth. Gr.* de Didot) ; p. 53, fr. LVI.
(3) Nous verrons bientôt que ce nom même dans le poëme or-

Il nous faut descendre jusqu'au milieu du vi⁰ siècle, époque où les Grecs d'Ionie poussèrent leurs entreprises commerciales sur tout le pourtour du Pont-Euxin, pour voir s'étendre devant nous l'horizon géographique de ces contrées. C'est avec le vi⁰ siècle que commencent ici les notions positives des Hellènes ; c'est alors seulement que les poëtes et les logographes, Eschyle, Phérécyde, Pindare, qui tous vivaient de l'an 550 à l'an 500, font pour la première fois entrer dans leurs vers ou dans leurs récits ces noms de Colchide, de Caucase et d'Asie, qui ne se rencontrent pas dans les poëtes plus anciens, ou qui n'y figurent que d'une manière vague (1) ; c'est alors surtout que ces noms se précisent et se localisent. De vieilles traditions pélasgiques, qui jusqu'alors flottaient incertaines entre le monde réel et les fictions cosmogoniques, trouvent

phique n'est très-probablement qu'une interpolation plus récente.

(1) C'est aussi dans le même temps qu'Onomacrite retouche les poésies d'Orphée, composées sept cents ans avant cette époque, et publie le poëme des Argonautes, non pourtant encore tel que nous le possédons aujourd'hui, car la critique moderne y a signalé dans les formes de la langue des traces nombreuses où se révèle une main d'une époque très-postérieure. Mais il nous est impossible d'admettre la conclusion absolue des savants qui ont cru pouvoir se fonder sur ce fait pour attribuer aux premiers siècles de notre ère la composition tout entière de notre poëme orphique. Il y a dans le *fond* même du poëme d'incontestables indices de notions très-anciennes, qu'un fabricateur ignorant des bas siècles de la littérature grecque n'aurait certes pas imaginées. N'oublions pas que dans son audacieux essor la critique moderne a contesté jusqu'à l'existence d'Homère.

ici tout à coup leur application, comme si le contact
de ces régions et des peuples que les Grecs y ren-
contrèrent eût ravivé d'antiques souvenirs à demi
éteints, et révélé l'origine oubliée de certaines traditions conservées dans les chants des Bardes ou
dans les hymnes religieux (1).

Japet n'est plus seulement un des *Titans*, c'est-
à-dire un des géants du monde primitif, relégué
par Jupiter dans les sombres profondeurs du Tar-
tare : il reprend dans la cosmogonie hellénique le
rang que Japhet occupe à la tête des annales traditionnelles de la plupart des peuples de l'Asie
occidentale, d'accord avec la notion consignée dans
d'une vieille tradition de l'Orient, ou plutôt d'un
la Genèse de Moïse ; comme chez les Khaldéens,
les Assyriens, les Arméniens et les Géorgiens, il

(1) Comparez le mythe de Prométhée dans Hésiode (*Théog.*,
v. 510 et suiv.) ou dans Homère (*Odyss.*, XII, v. 576 sqq.), et
dans les Tragiques grecs (Eschyle, *Prometh. vinctus*, v. 197 sqq.,
1 sqq. etc.). Comparez aussi la tradition antique de Japet dans
les deux anciens poëtes (Hésiod., *Théog.*, v. 134, 507 et suiv.;
Homer., *Iliad.*, VIII, 479) et dans les mythographies (Apollod.
Biblioth., livre 1, ch. 1, p. 5 et 9 de la trad. Clavier). Il paraîtrait néanmoins, d'après quelques fragments conservés seulement par les scoliastes (fragm. XX à XXIV de l'édition Ahrens),
que la filiation généalogique entre Japet et les tribus helléniques, telle que nous la rapportons ci-dessous, n'aurait pas été
inconnue à Hésiode; mais indépendamment de plus d'une question incidente dans laquelle nous ne pouvons entrer ici, reste-
rait toujours ce fait principal de la *localisation* des mythes de
Japet et de Prométhée dans une Asie voisine du Caucase, fait
dont les premières traces se montrent seulement dans les auteurs du vi* siècle.

redevient le premier auteur de la race, la plus ancienne personnification des sociétés humaines se
multipliant et s'étendant sur la terre (1). De même
que nous avons vu les Arméniens et les Géorgiens
rattacher leur existence nationale à Thorgoma et à
Japhet, ceux-ci par Haïg, ceux-là par Karthlos,
les Hellènes font aussi remonter leur origine au
même patriarche par Hellen et ses fils et par Deucalion (2). C'est une nouvelle application nationale
du mythe commun à une grande partie des nations
asiatiques.

De même, Prométhée, condamné par Jupiter à
un effroyable supplice, n'est plus seulement attaché

(1) Un verset de la Genèse (ix, 27) semble montrer que les
Hébreux rattachaient le nom de Japhet à un mot homophone,
qui, chez eux, avait parfois le sens de *s'étendre*, *se dilater* (Voy.
Bochart, *Phaleg*, lib. III, c. i). Comparez l'etymologie que les
indianistes tirent du sanskrit (*Djiapati*, Maître de la terre),
dans Wilford, *On the Sacred Isles of the West*, Asiat. Res., vol.
VIII, 1805, p. 255; add. p. 314.

(2) Voici la généalogie consignée dans les mythographes:
Japet
|
Prométhée
|
Deucalion
|
Hellen
|
Dôros (les Doriens) — Xouthos — Aïolos (les Éoliens)
|
Akhaïos (les Akhéens) — Iôn (les Iaôn ou
Ioniens).

Japet était chez les Grecs synonyme de très-vieux, très-ancien;
vieux comme Japet était une expression proverbiale.

à une colonne on ne sait dans quel lieu du monde : cette colonne sera désormais un des pics de la chaîne du Caucase. C'est là que dans un tableau tout plein encore de la simplicité énergique de l'antiquité, le poëte Eschyle nous montre le dieu civilisateur courbé sous les serres de l'insatiable vautour, tandis qu'autour de lui retentissent les lugubres lamentations des peuples qui habitent *la terre sacrée d'Asie*, ἀγνᾶς Ἀσίας, au pied des âpres rochers du Caucase et jusqu'aux bords de la Méotide (1).

Sans doute, cet antique symbole n'était pas originaire de la région caucasienne ; c'est dans des contrées plus orientales, au pied d'un autre Caucase qui domine les plaines de l'Iran, qu'il en faut aller chercher le siége primordial (2) ; mais la tradition, à l'époque où les Grecs se trouvèrent en rapport avec les peuples de l'Isthme, s'était propagée à l'occident de la mer Caspienne ; car c'est là seulement qu'au temps d'Eschyle les Ioniens de la côte asiatique et leurs frères d'Europe purent la recueillir.

Peut-être ne pourrait-on pas dire avec la même certitude qu'alors aussi ils y trouvèrent le nom d'*Asie*, de *terre des Ases*, communément appliqué au pays qui borde à l'orient la mer Méotide, au versant nord de l'escarpement caucasien ; car si l'emploi de ce nom

(1) *Prometh. vinctus*, v. 399 et suiv.
(2) Voy. Arrian. *Alex. M. Exped.*, lib. V, c. 3, et *Indica*, c. 5 ; Strab. *Geogr.*, lib. XV, p. 688 Cas., et XI, 505. Comp. Wilford, dans les *As. Res.*, vol. VIII, p. 259.

d'*Asie* dans le Prométhée d'Eschyle peut avoir un sens restreint et tout à fait local (1), il peut s'entendre aussi, dans un sens indéterminé, d'une portion du continent asiatique, qui déjà pour les Grecs d'alors commençait aux rivages orientaux de l'Égée, et s'étendait indéfiniment à l'Est et au Nord-Est vers les extrémités inconnues du monde habité. Il est cependant plusieurs raisons d'un grand poids d'où l'on peut conclure que le mot *Asie*, dans l'un au moins des deux passages du Prométhée où le poëte l'emploie, est non pas seulement un terme abstrait appliqué à une des grandes divisions du monde, mais bien la dénomination véritablement locale d'une contrée de l'isthme caucasien.

Il résulte en effet implicitement de plusieurs passages de Strabon (2) qu'un territoire voisin du

(1) *Prom. vinct.*, v. 410. Comp. l'expression Ἀσιὰς ἤπειρος du vers 735.

(2) Le plus direct est au livre XI, p. 492 de l'édition de Casaubon, 1620. Ce passage a été inexactement rendu par Xilander, le traducteur latin, et mal entendu de la plupart des commentateurs Casaubon, dans les remarques qu'il a jointes à son édition citée (ad pag. 492) avait cependant bien vu que, d'après le contexte du passage, il doit être question ici d'un territoire particulier du nom d'*Asie*, situé sur le Bosphore et confinant à la Sindique. Berkelius, dans ses notes sur Étienne de Byzance (ad voc. Ἀσπούργιανοι), l'a entendu de même. Πρὸς δὲ τῇ θαλάττῃ τοῦ Βοσπόρου, τὰ κατὰ τὴν Ἀσίαν, ἐστὶ καὶ ἡ Σινδική : c'est ainsi que propose de ponctuer et de lire Lünemann (*Descriptio Caucasi ex Strabone*, p. 32.); mais lui-même tombe dans une lourde erreur en attribuant cette expression κατὰ τὴν Ἀσίαν à l'Asie-Mineure. L'Asie-Mineure n'a rien à voir ici, ni géographiquement ni grammaticalement. Il nous paraît clair que la phrase doit se traduire ainsi :

Bosphore Cimmérien, où il confinait à la Sindique, portait le nom d'*Asie*, et ses habitants celui d'*Asii*, ou *Asiani*. Il paraît que les Ases caucasiens s'étendaient, distingués en plusieurs tribus, le long des bords de la mer Méotide depuis le Kouban jusqu'au

« Près du Bosphore, parmi les cantons voisins de l'Asie, est la Sindique. » Il y a un passage analogue au livre VII, p. 3II, où le mot *Asie* doit évidemment, comme dans celui-ci, se prendre dans un sens restreint et local, et non dans son acception usuelle. Le comte Potocki (*Histoire primitive des peuples de la Russie*, p. 99) a bien saisi le sens général du texte, mais il ne l'a pas non plus traduit littéralement; sa version, comme celle de Xilander, n'est qu'une paraphrase. De même, dans un autre passage du livre XI (p. 495), les mots τῶν δὲ συμπάντων Μαιωτῶν τῶν Ἀσιανῶν doivent se lire *de la totalité des Maïotes Asiens*, et non, selon l'interprétation vulgaire, *des Maïotes* (ou Méotes) *asiatiques* ; car il nous semble que, dans ce dernier cas, l'adjectif supposerait une distinction, une opposition entre les Méotes d'Asie et des Méotes d'Europe : or, il n'y a jamais eu, pas plus dans Strabon que dans aucun autre auteur de l'antiquité, de Méotes européens. Ajoutons néanmoins une remarque essentielle. La difficulté, ou tout au moins l'incertitude que présentent ces différents passages, et l'absence d'une mention nette et précise dans le géographe, ont dû, nous le concevons, jeter dans l'esprit des commentateurs et des interprètes ces doutes qui les ont fait passer pour la plupart à côté du sens. Il fallait, pour le rétablir, des notions d'histoire et de géographie locales qui, par malheur, ne se sont pas toujours rencontrées à un degré suffisant chez ceux qui jusqu'à présent ont commenté ou traduit les anciens. Quant à la cause qui aura pu, dans ce cas particulier, éloigner Strabon de sa précision habituelle, il nous paraît évident que le géographe ne s'était pas lui-même rendu compte des notions, probablement insuffisantes, qu'il avait pu recueillir sur l'ethnographie du versant nord du Caucase. Ses expressions sont équivoques, parce que ses renseignements étaient vagues.

Don, et qu'ils y furent désignés de bonne heure
par les surnoms de Maëtes (*Maiotai*, ou plus correctement *Maïtai* (1)) et de *Sauromates* ou *Sarmates* (2), ce qui sans doute contribua puissamment à faire oublier en partie le nom d'*Asi* moins
généralement employé chez les peuples de la côte ;
car, d'une part, les dénominations de *Maëtes* et de
Sarmates se montrent en quelque sorte synonymes
chez les auteurs de l'antiquité(3), et, d'autre part, on
trouve chez les plus anciens géographes grecs l'appellation de *Sarmates* identifiée avec celle de *Iazamates* (4), laquelle paraît devoir se décomposer en *Iaz*

(1) Μαῖται est l'orthographe des inscriptions du Bosphore. Hérodote, moins éloigné que Strabon de la véritable forme indigène,
écrit Μαιῆται. Böck, *Corpus Inscript. Græc.*, vol. II, p. 101.

(2) *Sarmatæ*, *græcis Sauromatæ*, dit Pline (lib. IV, c. 25). On
n'a pas oublié que, selon la tradition rapportée par Diodore, les
Mèdes, transplantés par les Scythes jusqu'à sur le Don, y avaient
pris le nom de Sarmates. C'est à cette tradition que Pline fait allusion (lib. VI, cap. 7), lorsqu'il dit : *Sarmates*, *Medorum soboles*,
ut ferunt. Ajoutons que la forme *Sauromates* n'est pas tellement
exclusive chez les Grecs, qu'on ne trouve aussi *Sarmates*, même
sur les inscriptions. Voyez Böck, *Corpus Inscr. Græc.*, vol II, p. 83.

(3) Les peuples ou les tribus que Strabon énumère comme
Maëtes (lib. XI, p. 495), et Pline comme Sarmates (lib. VI,
c. 7), sont en partie les mêmes.

(4) Éphore, dans Stephanus Byzantinus, v. Ιαζαβάται ; et dans
Scymnus de Khios, v. 888, édit. Letr. Éphore, auteur d'une
Description de la Terre célèbre dans l'antiquité, et qui devint le
modèle d'une foule de *Périples* analogues, vivait au milieu du
quatrième siècle avant notre ère. Le nom de *Iazabates*, ou plus
correctement *Iazamates* (pour *Iaz-Mates*), s'altéra par la suite en
Iaxamates, forme qui devint peu à peu dominante, et qui a été
substituée à tort à la leçon primitive, même dans l'excellente

ou *Az-mates*, quel que soit d'ailleurs le sens qu'il faille attacher à cette dernière partie du nom(1). Cette identification est d'autant plus certaine, que l'emplacement assigné aux *Iazmates* par Hécatée l'ancien, qui vivait au commencement du vi⁰ siècle avant notre ère, cinquante ans avant Hérodote, est absolu-

édition de Scymnus donnée par M. Letronne (*loc. cit.*) Comp. Ephori *fragmenta*, p. 258, dans l'édition des Fragments des anciens historiens grecs donnée par MM. Müller dans la *Bibliotheca Scriptor. græcor.* éditée chez Didot. Pomponius Mela porte, dans beaucoup d'éditions, *Ixamatæ* et même *Examatæ*, quoique les plus anciennes aient *Iaxamatæ*.

(1) La finale *Mata* se retrouve dans d'autres noms composés de l'ethnographie caucasienne, de même que l'ethnique *Ase*, *Az* ou *Iaz* est entré en composition dans les noms de plusieurs peuples de la même région, notamment dans le nom de *Iazyghes* (*Iaz-Zighes*), qui par la suite acquit à la fois une grande célébrité et une grande extension, et où se retrouve, avec le nom des *Ases* caucasiens, celui de la belliqueuse nation des *Zighes* ou *Adighé*, c'est-à-dire des Tcherkesses de la côte Pontique, dont les habitations sur le Kouban ont confiné depuis un temps immémorial avec celles des Ases. Tous les anciens s'accordent à donner aux Iazyghes une origine sarmate. Strabon, lib. VII, p. 306; Plin., lib. IV, c. 25; Tacit., *Annal.* XII, 29, etc., etc. Un auteur du xvi⁰ siècle, Georgius Wernehr (De Mirandis Hungariæ Aquis, in Scriptor. Rer. Hungar. Vindob., 1747, t. I, p. 847), dit que les Iazyghes de la Hongrie se donnent le nom de *Iaz*, et il ajoute que leur langue est tout à fait différente du hongrois propre, ou madjar. M. Schafarik a tracé un aperçu complet des courses et des établissements des Iazyghes, *Slawische Älterthümer*, Bd. I, s. 343 et suiv. Au surplus, rien n'est plus commun, dans l'histoire et dans l'ethnographie de l'antiquité et du moyen âge, que ces dénominations composées nées de la réunion accidentelle de deux peuples ou de deux tribus distinctes. Quant à la signification propre de la finale *Mate*, nous y reviendrons plus loin.

ment le même que celui de l'*Asie* du Bosphore dans
Strabon (1), ce qui est en même temps une nouvelle
confirmation du sens du passage allégué de ce dernier écrivain. Il est du reste plus que probable que
l'appellation *Iazmate* n'eut jamais, ou du moins
qu'elle ne conserva pas longtemps la même extension que celle de *Sarmate*; mais il n'en résulte pas
moins que les Iazmates étant à la fois, comme les
Sarmates, des Azes et des Maëtes, ces différents
noms appartiennent évidemment soit à un même
peuple dans sa généralité, soit à des divisions quel-
conques d'une même race. Nous ne nous prévau-
drons pas de la découverte qu'on a cru faire sur une
ancienne inscription du Bosphore de la mention des
Ases, parce que cette découverte paraît reposer sur
une erreur de lecture (2); mais nous ferons remarquer que dans l'énumération des peuples connus

---

(1) Dans le Périple d'Hécatée, les *Iazmates* étaient mentionn-
nés comme demeurant sur la côte du Pont, aux confins de la
Sindique (Steph. Byz., v. Ἰξιβάται); c'est presque mot pour mot
ce que dit Strabon de l'*Asie* du Bosphore, dans le passage cité
précédemment, p. 112, note. L'ouvrage d'Hécatée, aujourd'hui
perdu, s'était, à ce qu'il paraît, étrangement altéré par la suite
du temps; car, au lieu de *Iazamates*, comme dans la leçon primitive d'Éphore, qui est certainement la seule bonne, l'extrait
que nous en donne Étienne de Byzance porte *Ixibates*. Mais la
correction ne saurait être douteuse, non plus que dans les leçons
correspondantes *Ixamatæ* et *Examatæ* de Pomponius Mela.

(2) Comp. Dubois de Montpéreux, *Voyage autour du Caucase*,
t. IV, p. 384 et 402, avec le texte de l'inscription publié par Böck
dans son *Corpus Inscr. Græc.*, vol. II, pars XI. M. Dubois a lu
ΑΩΝ, et pris pour un nom propre ce qui n'est que la finale du

consignée en tête du *Chronicon Paschale*, ouvrage
anonyme du IV° siècle, on voit des *Asiani* placés
immédiatement à la suite des *Bosporiani* (1).

La position désignée pour l'*Asie* caucasienne de
Strabon et pour les *Iazamates* ou *Ases-Maëtes*
d'Hécatée, nous place dans le bassin inférieur du
Kouban, et coïncide très-bien avec les indications
d'Eschyle. Remarquons que ce dernier et l'ancien
Hécatée étaient contemporains, et qu'ils durent
conséquemment puiser leurs notions sur cette région voisine de la Méotide aux mêmes sources mi-
lésiennes Aujourd'hui encore, les Ossi proprement
dits de l'Osséthi septentrional donnent le nom
d'*Assi* aux tribus qui leur confinent à l'Ouest et
qui occupent les vallées supérieures du bassin du
Kouban (2), quoique la langue de ces tribus soit le
turk, et conséquemment qu'elles n'appartiennent
pas à la même souche que les Iron de l'Osséthi,
mais probablement parce que le pays où elles demeurent appartint autrefois aux véritables Ases.
Les traditions de ceux-ci nous disent d'ailleurs

nom tronqué des (ΣΙΝ)ΔΩΝ. Cette dernière leçon est évidente,
quand on rapproche l'inscription dont il s'agit de plusieurs autres
inscriptions analogues également recueillies par Böck.

(1) P. 32, édit. Reg. Quelque informes que soient ces misérables
ébauches de géographie chrétienne données par plusieurs des
chroniqueurs Byzantins, elles n'en représentent pas moins pour
nous les grands traits des notions contemporaines, tirés en général d'ouvrages que nous ne possédons plus.

(2) Klaproth, *Voyage au Caucase*, t. I, p. 279; Dubois de
Montpéreux, *Voyage*, t. IV, p. 365.

qu'ils s'étendaient jadis très-loin vers le nord dans la direction du Don, d'où ils ont été refoulés dans les montagnes au milieu du XIIIe siècle par Batou-Khan, petit-fils de Tchinghiz (1).

Tout concourt donc à établir que dès le VIe ou même dès le VIIe siècle avant notre ère, le nom d'*Asie* fut connu et communément employé comme dénomination territoriale dans les pays qu'arrose le Kouban et qui bordent à l'orient le Palus-Mœotis; mais il résulte aussi de ce qui précède que nous n'avons aucun témoignage direct de l'existence de cette dénomination dans les mêmes lieux à une époque plus ancienne, quoiqu'il n'y ait non plus aucun témoignage du contraire.

Tel est sur ce point l'état exact de nos connaissances historiques, ou des inductions qui découlent naturellement de témoignages positifs, abstraction faite de toute hypothèse.

Maintenant, le nom de cette *Asie* du Caucase se rattache-t-il en effet, comme nous l'avons supposé jusqu'ici, au peuple de souche médique très-anciennement établi dans les hautes vallées de la chaîne centrale, peuple que les Géorgiens nomment *Ossi*, et qui se donne à lui-même le nom d'*Iron*?

Nous disons que cette corrélation peut être regardée comme certaine.

Aux faits que nous a déjà révélés la discussion précédente, et qui tendent à montrer un rapport intime entre les *Osses* ou *Ases* du Caucase central

(1) Klaproth, *Voyage*, t. II, p. 439.

et les *Ases* ou *Iaz* de la Méotide, nous ajoutons quelques brèves considérations qui achèveront, nous le pensons, de justifier cette identité.

Quoique l'on sache, par le témoignage des historiens et des géographes de l'antiquité classique, que plusieurs peuplades ou tribus portant le même nom d'*Asi*, *Asii*, *Asiani*, ou d'autres dénominations rapprochées, existaient, dans les temps voisins de notre ère, au pourtour septentrional de la mer Caspienne, formant une chaîne en quelque sorte continue depuis les plaines noyées de la Transoxane jusqu'aux bords du Tanaïs inférieur, il n'est pas à présumer que la dénomination d'*Asie* appliquée au bassin du Kouban et aux vallées avoisinantes de la chaîne caucasienne ait pu venir d'aucune de ces tribus. Toutes étaient nomades, et une appellation territoriale implique en général la résidence d'une population agricole, ayant des demeures fixes et des villes. Or, tels sont les *Ossi* actuels; et tels étaient aussi les anciens *Ases-Maëtes*. Strabon le dit d'une manière expresse (1); et Ptolémée, dans sa description de la Sarmatie asiatique comprise entre le Tanaïs et le Vardan, c'est-à-dire entre le Don et le Kouban le long de la mer Méotide, nomme un assez grand nombre de cités, dont trois entre autres, *Azara*, *Azabétis* et *Azaraba*, semblent avoir un rapport étymologique avec le nom même des Ases (2). Plus tard, une ville d'*Aza*, dont le nom, sinon l'empla-

---

(1) Lib. XI, p. 493.
(2) Ptolem. *Geogr.*, lib. V, c. 8.

cement, se retrouve dans celui de la moderne Azof, fut connue sur les bords du bas Tanaïs, aux lieux mêmes où le géographe Ptolémée, que nous venons de citer, place une tribu sarmate du nom d'*Osiliens* (1). Comme nous nous attachons uniquement aux faits constatés, et non aux conjectures, nous ne nous arrêterons pas à la cité supposée d'*Aspourgh*, que l'on a prétendu avoir existé non loin du Bosphore cimmérien et de la Sindique, chez une tribu *ase* dont elle aurait été le *bourg*, c'est-à-dire la métropole ou le château (2). C'est là que quelques antiquaires du Nord ont cru retrouver l'*Asgard*, la *Cité des Ases*, célébrée dans leurs anciennes sagas comme la patrie originaire d'Odin, le réformateur religieux de la Scandinavie (3). Mais Strabon, le seul auteur de l'antiquité qui nous ait conservé la mention des *Aspourgiens* (4), les cite seulement comme un des peuples maëtes voisins du Bosphore, et ne dit rien de la ville dont on suppose

(1) Lib. III, c. 5. On peut voir les remarques de Klaproth sur l'emplacement de cette ville, qui paraît être la même que l'ancienne *Tanaïs*, la *Tana* des Italiens au moyen âge, dans le *Nouveau Journal Asiat.*, t. I, 1828, p. 52.

(2) J. Potocki, Voyage dans les steps d'Astrakhan et du Caucase, p. 240.

(3) Voyez Bayer, *Conversiones Rerum scythicarum temporibus Mithridatis Magni*, dans les anciens *Commentar. Acad. Petropolit.*, t. V, p. 292 et suiv.; finn Magnussen, *Eddalaeren*, analysé dans le *Journal des Savants*, 1829, p. 48, etc, etc.

(4) Lib. XI, p. 495 (où le texte donne la leçon fautive d'Ασπουγγιτανοὶ pour Ασπουργιτανοὶ), et lib. XII, p. 556. Étienne de Byzance, qui consacre dans son Dictionnaire géographique un article aux Aspourghiens, ne cite que Strabon pour autorité.

que ce peuple aurait tiré son nom. La migration
septentrionale des Ases scandinaves est une question historique tout à fait en dehors de nos recherches, et dans laquelle nous n'avons garde d'entrer;
mais nous pouvons dire qu'à nos yeux l'*Asaland*
des vieilles traditions du Nord, malgré les hypothèses souvent ingénieuses et toujours savantes qui
ont voulu le placer entre la mer Noire et la Caspienne (1), ne saurait avoir rien de commun avec les

(1) M. Gräberg de Hemsö a cru retrouver les Ases d'Odin
dans les Alains du Caucase (Sur l'origine alane de Sigge Fridulfson
et de ses compagnons Asiates, dans son livre intitulé : *La Scandinavie vengée de l'accusation d'avoir produit les peuples barbares
qui détruisirent l'empire de Rome*, in-8, 1822, p. 163 et suiv.). Ce
système historique, déjà énoncé en 1666 par George Hornius
dans son *Arca Noe*, a été plus récemment repris et développé
par M. Éric-Gustave Geyer, dans son Histoire primitive de la
Suède (*Schwedens Urgeschichte*), 1826, Bd. 1). Mais cette hypothèse, bien qu'elle puisse avoir du vrai à certains égards, devient complétement fausse dans les termes où on la présente ;
car elle repose sur un fait historiquement et ethnographiquement
erroné, à savoir, l'identité des Alains et des Ossi du Caucase. Il
y a ici une équivoque que M. Klaproth lui-même n'a pas suffisamment évitée, ou plutôt qu'il a contribué à accréditer par sa
dissertation *sur l'identité des Ossètes avec les Allains*. Schafarik,
dans son savant ouvrage sur les Antiquités Slaves (*Slawische
Alterthümer*, deutsch übers., 1843, 2 vol.) est tombé perpétuelle-
ment dans la même confusion. Les Alains ne sont nullement le
même peuple que les Ases caucasiens ; ce qu'il y a de vrai en
ceci, c'est qu'à une époque historiquement connue, les Alains
ont fait la conquête du pays des Ases, et que par suite les nations
environnantes s'habituèrent à désigner le peuple sujet par le nom
du peuple dominateur. Mais deux nationalités ne cessent pas
d'être distinctes au point de vue ethnographique, parce que la
force des armes les aura temporairement rapprochées.

pays du Caucase. La migration gothique que conduisit Odin et où dominaient les Ases eut son point de départ à l'est, non à l'ouest de la mer Caspienne (1).

Le nom de *Maëtes*, *Maïotes* ou *Mataï* spécialement attribué aux Ases qui bordent à l'orient la mer d'Azof, est pour nous un second indice de leur identité d'origine avec les Ossi du Caucase. Les anciens ne nous ont rien dit, au moins de satisfaisant, sur l'étymologie de cette appellation : elle nous paraît n'être autre chose que le nom même du peuple *Mède*. D'autres avant nous ont eu cette pensée, mais sans la justifier suffisamment; si l'on veut bien se reporter à la forme nationale de l'ethnique mède, évidemment dérivé du mot *Mat*, peuple, tribu, dans les

(1) Plusieurs des inscriptions cunéiformes que nos voyageurs ont rapportées de l'ancienne Médie mentionnent, parmi les provinces soumises au sceptre de Darius, le pays d'*Asagarta*, entre Parutia (nom qui semblerait devoir se traduire par le Haut Pays, le Pays de Montagnes, l'al-Djebal des géographes arabes) et Partçava, la Parthie. Voy. Westergaard, dans les *Mémoires de la Société des Antiquaires du Nord*, 1846, p. 407. La même mention se retrouve à plusieurs reprises dans les inscriptions de Béhistan ou Bisutoun, récemment copiées par le major Rawlinson (*Journal of the Royal Asiatic Society*, vol. X, part. I, 1846, tabl. XVII et XXV). Le savant orientaliste anglais rapproche de ce nom celui des *Sagartii* dans Ptolémée (liv. VI, c. 2). Les positions, en effet, se correspondent assez convenablement. Nous ne prétendons pas, assurément, établir *à priori* un rapport direct entre cet *Asagarta* de la géographie médique et l'*Asgard* des légendes scandinaves; nous voulons seulement signaler une coïncidence curieuse, et digne, nous le croyons, d'un examen plus approfondi.

anciens idiomes médiques, le rapprochement indiqué paraîtra sans doute plus qu'une simple hypothèse. Les Hébreux écrivaient *Mâdaï*; les anciennes inscriptions médiques récemment déchiffrées donnent *Mâd* (1); l'orthographe arménienne, où se montre identiquement la forme consacrée au nord du Caucase, est *Mata* (2). On ne saurait guère se refuser à croire que ce dernier mot ne donne en effet l'élément essentiel du nom des *Sarmates*; quant à la syllabe initiale *sar*, habituellement changée en *sauro* par les anciens Grecs, les savants du Nord en ont proposé deux interprétations principales. L'une la ferait dériver du mot *saour*, *sar* ou *sér*, qui se trouve dans tous les idiomes orientaux du groupe hindo-européen avec la signification de *tête, partie extrême:* dans cette acception, la dénomination de *Sarmates* aurait désigné pour les peuples médo-persans les *Mèdes* (*Mata*) les plus avancés au Nord. M. Joseph Schafarik, dans son livre sur les Antiquités Slaves(3), tire la première partie du nom des Sarmates d'un terme *asiatique*, qui, dit-il, signifie *désert, step.* Nous voudrions que M. Schafarik eût indiqué dans lequel des nombreux idiomes de l'Asie *sara* a la

(1) Eug. Burnouf, *Mémoire sur deux inscriptions cunéiformes trouvées près d'Hamadan*, 1836, in-4°, p. 138.

(2) Jean Catholicos, *Hist. d'Arménie*, trad. fr. de M. Saint-Martin, p. 5. On trouve aussi chez les anciens auteurs arméniens le nom de *Mar* fréquemment employé pour désigner les Mèdes; très-probablement ce mot n'est qu'une contraction de celui de *Mard*.

(3) *Slawische Alterthümer*, traduction allemande, t. I, p. 367.

signification qu'il allègue : ce qu'il ajoute, néanmoins, qu'aujourd'hui encore les Kirghiz-Kaïsaks se donnent le nom de *Sare-Kaïsaka*, qu'il explique par Kosaques des Steps, ferait penser que c'est dans un des dialectes turks. Il est aujourd'hui généralement reconnu que les anciens Sarmates parlaient un dialecte de la langue mède (1).

Ainsi donc, les lumières de la philologie confirment pleinement la tradition historique de l'origine mède des Sarmates rapportée par Diodore et répétée par Pline (2), tradition qui se retrouve d'ailleurs dans d'autres sources orientales (3).

(1) Voy. Böck, *Corpus Inscript. Græc.*, t. II, pars XI, p. 110, sqq.

(2) Cités ci-dessus, p. 161, note 2. L'ensemble des notions aujourd'hui réunies sur la parenté ethnologique des Sarmates confirme donc de tout point cette tradition historique que Diodore et Pline nous ont transmise, quelque différente qu'elle soit de celle que longtemps avant eux Hérodote avait recueillie parmi les Grecs d'Olbia. Cette dernière tradition, selon laquelle les Sarmates seraient issus de l'union accidentelle des Amazones avec les Scythes, a d'ailleurs varié dans son application au nord de l'Isthme Caucasien. On la retrouve sur un autre théâtre et sous une forme quelque peu différente, dans Strabon, ou plutôt dans Théophanes, l'historien des guerres de Pompée dans le Caucase (Strab. lib. XI, p. 504).

(3) Quel rapport y a-t-il entre le nom des *Sarmates* et celui des *Kharimates* mentionné par deux anciens auteurs parmi les peuples du Caucase occidental? (Palæphatus et Hellenicus, dans Étienne de Byzance, au mot Χαριμάται). Ce dernier nom est-il altéré, ou faudrait-il y voir une forme particulière de l'ethnique composé que les Grecs ont écrit *Sarmate* et *Sauromate*? Le progrès des études caucasiennes mettra peut-être un jour à même de répondre à ces questions. Ajoutons que dans Ammien Marcellin, nous trouvons cité, au nord de la région du Caucase, un peuple

Bien que cette dérivation du nom des Sarmates nous paraisse réunir toutes les garanties de certitude que comporte une preuve de ce genre, et quoique jusqu'ici nous ayons présenté le nom des *Maëtes* comme se rattachant au même radical, nous n'oserions néanmoins affirmer que cette identité étymologique soit également certaine. Une coïncidence singulière est de nature à faire naître le doute. On sait que les Gaëls qui possédaient, dans les temps voisins de notre ère, les parties septentrionales de la Grande-Bretagne, c'est-à-dire ce qu'on nomme aujourd'hui l'Écosse, s'y distinguaient en trois classes générales, chacune de ses classes embrassant un certain nombre de peuples ou de tribus particulières : les *Maïotes* ou *Méates*, qui occupaient les parties les plus extérieures du pays sur les confins des provinces romaines ; les *Calédoniens*, qui habitaient plus avant dans l'intérieur ; enfin, les *Albaniens*, qui demeuraient dans les hautes montagnes du nord-ouest et du nord (1). Ces trois dénominations s'expliquent aisément par les idiomes celtiques : *Maïatich*, ce sont les hommes des Basses-Terres, les

dont le nom de *Sargètes* présente évidemment la même syllabe *Sar* associée au nom d'une tribu gète ou gothique, comme dans le nom des Sarmates elle l'est à l'ethnique mède (Amm. Marcell., lib. XXII, c. 8). Les *Sargètes* d'Ammien sont très-probablement le même peuple que Ptolémée mentionne (III, 5) sous le nom de *Sargatiens*.

(1) Dion Cassius, dans Xiphilin (Histoire du règne de Sévère, p. 485 de la traduction du président Cousin), connaît cette division, mais d'une manière incomplète.

Lowlanders de l'époque saxonne (1) ; *Kelydonach*, les habitants des forêts (2) ; *Albanach*, les habitants des Hautes-Terres, les *Highlanders*, les Montagnards. Or, il est assurément bien remarquable de retrouver dans l'isthme caucasien les mêmes dénominations appliquées à des peuples placés dans la même position relative : des *Maïotes* ou *Maëtes* dans les plaines basses du nord-ouest, et des *Albanais* dans le massif montagneux ; car personne n'ignore que le Caucase a eu aussi ses Albanais, et ce qui prouve que l'appellation y est bien réellement indigène, c'est qu'elle s'y conserve encore, sous la forme d'*Alvan*, pour désigner quelques-unes des tribus montagnardes du Daghestan (3), et qu'elle paraît même

(1) Il est remarquable que le nom de la Samogitie, une des contrées habitées, au fond de la Baltique, pour la race lithuanienne, rameau éloigné de la grande famille hindo-européenne, il est, disons-nous, remarquable que ce nom, dans sa forme indigène, *Szamaïte*, s'explique par *Pays bas*, ce qui répond bien à la nature physique de la contrée. Leon. Chodzko, dans son édition du *Tableau de la Pologne* de feu Malte-Brun, t. I, p. 316, 1830. Comp. Schafarik, *Slawische Alterthümer*, t, I, p. 302 et suiv. 1843.

(2) Comparez la forêt de *Calydon*, célèbre dans l'histoire des temps héroïques de la Grèce.

(3) Christ. Rommel, *Caucasiarum Regionum et Gentium Straboniana Descriptio*, p. 56. 1804. Le mot *Alvan* s'écrit en arménien *Aghovan*, par une particularité d'orthographe de la langue arménienne. Voy. Saint-Maitin, *Mémoires sur l'Arménie*, t I, p. 215. La ressemblance accidentelle de ce nom arménien des Aghovans (qui doit se prononcer Alvans) avec celui des Afghans de la Perse orientale, a donné lieu à des suppositions de communauté d'origine dont la fausseté est aujourd'hui reconnue.

se retrouver jusque dans les montagnes des Kurdes, aux confins méridionaux de l'Arménie (1). Nous ne savons si ce rapport peut être regardé comme purement fortuit ; mais ce qui lui donne plus d'importance, c'est de le rencontrer là précisément où un grand établissement kimrique avait subsisté pendant des siècles (2). Lorsque les Milésiens vinrent fonder leurs colonies sur cette partie des côtes Pontiques, les Kimris n'en avaient été expulsés par l'invasion scythe que depuis moins d'un siècle ; et si l'on admet que la dénomination de *Maëtes*, pour désigner les riverains orientaux de la mer d'Azof, eût été antérieurement d'un usage général chez les Kimris, il est aisé de comprendre qu'une appellation sans doute très-ancienne se fût conservée parmi les habitants des cantons environnants, que les Grecs l'y aient recueillie, et que par la suite on ait continué de l'appliquer aux nouveaux colons de souche médique qui étaient venus occuper les anciennes terres kimriques. La substitution eût été d'autant plus facile, que le nom de *Máta* ou de Mèdes que portaient les nouveaux venus se trouvait offrir une grande ressemblance avec celui de *Maëtes*. Quant à l'existence de l'appellation d'*Alban* parmi les montagnards du Caucase oriental, nos études précéden-

---

(1) Saint-Martin, *Mémoires sur l'Arménie*, t. I, p. 127. Le mot écrit *Aghpag* dans ce passage se prononce *Alp-ag*.

(2) Il est dit expressément que le *Palus Mæotis* avait pris son nom des Méotes (Maëtes) et non le peuple de la mer. Scymnus Chius, v. 872, édit. Letr.

tes sur la nomenclature biblique des peuples caucasiens nous ont fait voir, en effet, que les Kimris des plaines méotides avaient dû former aussi très-anciennement des établissements dans les hautes vallées du Plateau caucasien (1).

Il se peut donc que le mot *Máta*, dans Sarmates et dans Iazamates, et le nom des *Maïotes* ou *Maëtes*, aient une origine et une signification tout à fait différentes malgré leur ressemblance extérieure, et quoique s'étant appliqués dans les temps historiquement connus à des tribus d'un même peuple. Ceci est un point sur lequel il ne nous est plus possible aujourd'hui de réunir autre chose que des présomptions.

A ces divers rapprochements qui nous paraissent indiquer, aussi clairement que le comporte l'éloignement des temps, l'origine et le point de départ du nom d'*Asie* attribué d'une manière spéciale à la totalité du bassin de Koubán, ajoutons un fait à nos yeux très-significatif. On sait que les Romains, quand pour la première fois ils pénétrèrent au cœur des pays Caucasiens vers le milieu du 1er siècle avant notre ère, crurent y retrouver sur beaucoup de points la trace du nom de Jason (ou plus exactement *Iason*, selon la prononciation grecque et latine), et que ce nom fut rattaché à l'antique expédition des Argonautes (2).

(1) Ci-dessus, p. 9.

(2) « Les Ibères et les Albaniens, dit Tacite, se disent issus des Thessaliens qui suivirent Jason lorsqu'il revint monter sur le trône de la Colchide vacant par la mort d'Aétès; ils ont en

Personne ne croira sans doute que le chef à demi-barbare d'une expédition de pirates que l'on a comparée avec raison aux courses aventureuses des Normands au moyen âge, et qui d'ailleurs ne pénétra pas au delà des plages maritimes où vient déboucher le Phase, ait en effet laissé son nom à des peuples entiers de l'intérieur du Caucase, ainsi qu'à des montagnes, à des villes et à des fleuves; et cependant une croyance devenue si générale chez les Romains devait avoir un fondement quelconque. Il nous paraît de toute évidence qu'elle reposait uniquement sur une équivoque provenant de la fréquence du nom des *Ases* dans les hauts pays caucasiens, ce nom s'y prononçant peut-être *Iaz* comme l'articulent les Slaves (1), ou même au pluriel *Iáson*, de même que de *Ir*, homme de l'Ironistan, les Ossi de nos jours font *Iron*, qui est le nom qu'ils se donnent comme peuple. Le nom d'*Aran* que porta jadis une très-grande partie du Caucase oriental jusqu'à la mer Caspienne, nom qui ne subsiste aujourd'hui que dans un territoire beaucoup plus resserré compris entre le Kour et l'Araxe, à leur con-

vénération son nom et l'oracle de Phryxus » (*Annal.*, lib. VI, c. 34). Trogue-Pompée, dans Justin (*Histor. Philip.*, lib. XLII, c. 4), se fait l'organe des mêmes traditions, avec encore plus d'exagération On les retrouve également dans Strabon (lib. I, p. 45, et XI, 531, Casaub.), dans Pline (lib. VI, c. 15, Hard.) et dans Solin (c. 15). Comp. un passage d'Hérodote sur les Mèdes, lib. VII, c. 42

(1) Et comme il se montre dans les ethniques composés de *Iasamates*, de *Iazyghes*, etc.

fluent; celui de *Heri* ou *Herethi* (avec la finale géorgienne), qui appartient à une province considérable
de la Géorgie orientale aujourd'hui appelée le Ka-
kheti ; ces noms, qui paraissent aussi s'être étendus
dans les temps anciens à tout l'Aderbaïdjan, que
M. Saint - Martin croit être l'*Aeriano* des livres
zends (1), indiquent assez quelle importance eurent
autrefois les Ases-Iraniens dans l'ethnographie de la
région caucasienne (2). Nous voyons ainsi les Ossi
du Caucase central rattachés à la Médie par une
chaîne continue de dénominations identiques, mar-
quant en quelque sorte d'autant de jalons la route
que suivit la migration : nouvelle preuve, d'ailleurs
conforme aux traditions, que les Ases caucasiens,
et conséquemment les Ases-Maëtes et les Sarmates,
qui ne sont que des ramifications de la même souche,
sont arrivés dans l'Isthme par le sud de la mer Caspienne, et non par le nord.

(1) Saint-Martin, *Mémoires sur l'Arménie*, t. I, p. 270 et suiv. ;
d'Ohsson, *Des peuples du Caucase dans le Xe siècle*, p. 156 et 180 ;
Wakhoucht, *Descript. de la Géorgie*, trad. du géorg. par M. Brosset, p. 285.

(2) M. Eugène Burnouf, par des considérations d'un ordre
différent, est arrivé à des conclusions absolument conformes à
celles que nous indiquons ici. *Mémoire sur deux inscriptions cunéiformes trouvées près d'Hamadan*, 1836, in 4, p. 151.

§ II.

*Sur l'origine du nom du Caucase. — Des origines Pélas-
giques dans leurs rapports avec le Caucase et les Ases
de l'Orient.*

Nous ne pouvons passer sous silence une question que l'on a souvent agitée, et qui se lie d'ailleurs
directement à celles que nous avons abordées dans
ce Mémoire : nous voulons parler de l'origine même
du nom du *Caucase*. Plusieurs étymologies en ont
été proposées. Klaproth croyait y reconnaître le
Kof-Káf des traditions cosmogoniques de l'Iran,
vaste ceinture de montagnes qui entoure le monde;
et il supposait que l'ancienne forme de cette appellation persane avait pu être *Koh-Kasp*, ce qui lui
expliquait l'origine du nom de *monts Caspiens*, que
les peuples de l'Isthme, suivant Ératosthène cité
par Strabon, donnaient à la chaîne (1). D'autres ont
fait dériver le nom de Caucase de celui des Ases
eux-mêmes, observant que dans la langue de ce
peuple une montagne se dit *khogh*, d'où se forme
régulièrement *Khogh-Asi*, montagnes des Ases, analogue à d'autres dénominations de diverses parties
du groupe où le mot khogh entre également comme
composant. Les noms de *Montagnes des Ases* et
de *Monts Iassiques*, se rencontrent en effet assez
fréquemment chez les voyageurs du moyen âge et
dans les Chroniques russes.

(1) *Voyage au Caucase*, t. I. p. 133 ; id. *Tableau du Cauc.*,
1827, p. 2.

Quelque plausible que paraisse cette étymologie toute locale, nous ne croyons cependant pas qu'elle puisse être facilement admise, quand nous voyons la même appellation se produire dès les plus anciens temps historiques depuis la mer Caspienne jusqu'à l'Himalaïa. Dans notre opinion, fondée sur la comparaison attentive des faits et des documents de source différente, l'origine première du mot doit appartenir à la région orientale de l'Iran, c'est-à-dire au massif montagneux qui couvre vers le sud les sources de l'Oxus; comme tant d'autres anciennes dénominations géographiques, celle-ci s'est propagée de l'est à l'ouest, de la haute Asie vers la mer Caspienne. Il est à remarquer que le nom de *Caucase* n'est connu d'aucun des peuples montagnards de l'Isthme Caucasien (1): c'est une importation étrangère, dont l'usage, commun chez les populations environnantes, n'a pas pénétré jusqu'à eux. Que les compagnons d'Alexandre aient trouvé ce nom en usage aux abords de l'Inde, c'est ce dont on ne peut guère douter, puisque dans leurs relations ils l'employèrent pour désigner la chaîne neigeuse qui prolonge à l'ouest l'extrémité de l'Himalaïa, entre la Bactriane et l'Ariane (2). Des historiens postérieurs, tels qu'Arrien (3), étonnés de rencontrer aux extrémi-

---

(1) Klaproth, *Voy. au Cauc.*, loc. cit.
(2) Aristobule, dans Arrien, lib. III, c. 28. Comp. Quint. Curt., VII, 3.
(3) Arrian., *De Expedit. Alex. M.*, lib. V, c 5; et *Hist. Ind.*, c. 2.

tés de l'Orient une dénomination qu'ils croyaient n'appartenir qu'aux contrées comprises entre la Caspienne et le Pont-Euxin, attribuèrent il est vrai à je ne sais quelle pensée d'adulation cette application lointaine du nom du Caucase; mais le géographe Ptolémée, dont les Tables nous ont conservé tant de données précieuses sur l'ancienne nomenclature de la géographie orientale, y a non-seulement admis le nom de *monts Caucasiens* dans la position où le plaçaient les relations macédoniennes (1) : il a de plus, d'après d'autres sources, indiqué dans la même région une contrée dont le nom de *Casia* offre un rapport évident avec l'appellation de la montagne (2).

(1) Pline, qui mentionne aussi le mont Caucase dans la même région (*Hist. Natur.*, lib. VI, c. 19, Hard.), ajoute que les Scythes du pays (les Massagètes) appelaient cette montagne *Groucasus* (il faut lire *Graucasus*), mot qui signifie, dit-il, *blanchi par les neiges*. Bohlen (*Das Alte Indien*, Bd. 1, s. 12) explique ce nom par le sanskrit *grávakasá*, rochers resplendissants (*kás*, briller, resplendir; *grávan*, pierre, rocher). M. Eugène Burnouf a contesté la régularité grammaticale de cette dérivation (dans Aléx. de Humboldt, *Asie Centrale*, t. I, p. 109); mais nous craignons que le savant critique n'ait pas assez tenu compte des irrégularités si fréquentes de la langue parlée, surtout dans des dialectes de peuples montagnards; car Pline nous dit que c'étaient les Scythes qui nommaient ainsi le Caucase Indien. Dans tous les cas, les éléments du mot n'en sont pas moins évidemment sanskrits, et la remarque de l'encyclopédiste latin nous fournit une preuve de plus que le nom de *Caucase*, sous une forme indigène, était bien réellement en usage aux confins de l'Inde et de l'Iran. *Grau* et *grava*, au rapport de Wilford (*Asiat. Res.*, VI, 458), ont aussi le sens de *montagne* dans les dialectes vulgaires du N.-O. de l'Inde.

(2) Ptolem. *Geogr.*, lib. VI, c. 12 et 15.

Enfin, ce qui achève de mettre hors de doute l'existence indigène de ces noms depuis l'antiquité la plus reculée, dans les pays montagneux où commence l'Himalaïa, c'est qu'on les retrouve à la fois et dans les anciens livres sanskrits et dans les relations récentes des voyageurs qui ont exploré ces contrées alpines.

On sait en effet aujourd'hui par les livres de l'Inde que les montagnes neigeuses qui dominent le cours supérieur de l'Indus et s'étendent à l'ouest jusqu'aux provinces persanes, furent occupées dès les plus anciens temps par la nombreuse et puissante tribu des *Khasas*. Leurs descendants habitent encore, sous le même nom, quelques-unes des mêmes vallées ; ce nom, dans certaines parties de la chaîne, prend les formes de *Khasias* et de *Khossaïs*. Les Khasas appartenaient originairement à la classe des guerriers ou kchatrias ; mais ils sont maintenant rejetés dans la plus basse des quatre castes, dégradation qu'ils encoururent pour avoir enfreint les prescriptions de la loi védique. Néanmoins, dans quelques cantons de l'Himalaïa, notamment dans le pays d'Almora, les Khasas ont conservé leur rang primitif dans la hiérarchie hindoue.

Dans les lois de Manou, les *Khasas* sont mentionnés avec les *Daradas*, autre tribu montagnarde que les anciens géographes de l'Occident connurent sous le nom de *Dardaï*, et dont le pays, situé vers le nord-ouest du Kachmir, porte encore parmi les natifs le nom de *Darad*. Nous mentionnons à dessein cette tribu de Darada associée aux Khasas de l'Himalaïa occidental, parce que les pays de l'Occident, nous le verrons tout à l'heure, nous en offrent dans l'antiquité une remarquable synonymie, qui se lie d'une manière intime à l'objet particulier de nos recherches.

Les montagnes des Khasas furent désignées de tout temps en sanskrit par le nom de *Khasa-Ghiri* (1); dans les dialectes vulgaires, ce nom se change en *Khas-Ghar. Kachghar* est en effet encore aujourd'hui le nom particulier d'un canton situé dans les montagnes qui dominent Peïchaver et s'adossent à la haute vallée de l'Oxus. Ce canton de Kachgar, qui confine au pays de Kaboul et qui est compris dans ce que les Persans ont nommé le Kaferistan ou pays des Non-Croyants, est mentionné dans l'Aïn-Akberi, sorte de recensement statistique et géographique de l'empire mogol, exécuté en 1559 par les ordres du célèbre Akbar; il a été signalé par plusieurs voyageurs, notamment par Elphinstone en 1809, et plus récemment par Alexandre Burnes. Il faut se garder de le confondre, comme l'a fait M. Klaproth (2), avec le pays et la ville de Kachgar, situés beaucoup plus au nord sous le parallèle de Samarkand, bien

(1) Du sanskrit *ghiri*, montagne. *Khasa-Ghiri* est encore aujourd'hui le nom d'un des hauts pics du colosse himalaïen.

(2) On peut voir, à ce sujet, Alexandre Burnes, *Voyage de l'embouchure de l'Indus à Lahor*, etc., trad. fr., t. I, p. 285. Add. Francis Wilford, *On Mount Caucasus*, dans les *Asiat. Res.*, vol. VI, 1799, p. 455.

que selon toute probabilité les deux noms aient la même origine.

Les *Khasa-Ghiri* ou montagnes des *Khasas* de la nomenclature sanskrite, et l'un des deux pays de *Kachgar*, probablement celui du nord, sont indubitablement les monts *Kasi* et la contrée de *Kasia* des Tables de Ptolémée : les positions conviennent parfaitement de même que les noms. Quant aux monts *Kasi*, les indications du géographe d'Alexandrie, d'accord avec les relations des marches d'Alexandre, nous portent à la chaîne neigeuse du *Hindou-Koh*, ou, selon la forme vicieuse que l'usage des Orientaux a donnée au nom, le Hindou-Kousch. Hindou-Koh est une dénomination purement persane; dans ces provinces, qui forment le point de contact du monde hindou et du monde irânien, les dénominations irâniennes et les dénominations hindoues se heurtent souvent et se confondent en quelque sorte, ou parfois se combinent et se modifient réciproquement. C'est un fait qui se produit à peu près invariablement partout où deux nationalités différentes viennent à se toucher à leur circonférence.

Ainsi en arriva-t-il du nom de *Khasa-Ghiri*. Les populations de l'Iran oriental l'acceptèrent, mais en le faisant passer dans leur propre idiome; de là le nom persan de *Koh-Khasa*, traduction littérale de l'appellation sanskrite. *Koh* est un terme médo-persan qui répond au *ghiri* sanskrit (1). Et comme

(1) *Koh* ne fut certainement dans l'origine qu'un adjectif ayant

ce fut à peu près uniquement des peuples irâniens, soit Mèdes, soit Persans, que les anciens Hellènes reçurent leurs premières notions sur les contrées de l'Orient, il ne faut pas s'étonner que ce nom de Koh-Kahsa ou *Caucase* ait été connu dans l'Occident à l'exclusion de toute autre dénomination correspondante.

Nous n'avons pas à rechercher si le *Koh-Kâf*, dont les anciennes traditions héroïques des Irâniens font la *Ceinture* du monde, est en effet le même mot que celui de Caucase; ce qui nous porterait surtout à le penser, c'est que ce dernier nom dans la géographie historique, de même que celui de Koh-Kâf dans la géographie cosmogonique, semblerait s'être étendu très-anciennement à tout le système de montagnes qui forme au nord l'escarpement du grand plateau irânien, élevant comme une immense barrière presque ininterrompue entre les peuples agricoles de l'Iran et les hordes nomades du Touran. Cette longue suite de montagnes, qui, sous une multitude de dénominations locales, bornent ou traversent le Khôrâçan, passent au sud de la

la signification de *grand*, *élevé* : c'est le sens qu'a gardé le *hoch* des peuples teutons, qui procède directement du *koh* irânien. L'usage, ainsi qu'il est arrivé dans bien d'autres cas, spécialisant le sens primitif, en fit un substantif auquel s'attacha la signification de *montagne*. C'est le *khogh* des Ossi du Caucase; l'ancien pehlvi en avait fait *kof*. On nous excusera d'insister si fréquemment sur ces remarques d'étymologie, en considération de leur extrême importance pour l'intelligence des nomenclatures géographiques.

mer Caspienne et viennent se rattacher au plateau
arménien que couronne le mont Caucase, consti-
tuent en quelque sorte une seule et même chaîne
qui n'est à bien dire que la prolongation occidentale du Khasa-Ghiri ou Caucase hindou, et qui put
aisément recevoir le même nom dans toute son
étendue. C'est ainsi que plus tard les Grecs, dans
leur géographie systématique, prolongèrent jusqu'aux extrémités inconnues de l'Asie orientale la
dénomination de Taurus, qui n'appartenait réellement qu'au midi de l'Asie-Mineure et au bassin
de l'Euphrate. Nous savons d'ailleurs, sans remonter aux époques inconnues de l'histoire de la haute
Asie, que les Mèdes-Irâniens étendirent leur domination au nord-ouest jusqu'au cœur de l'Isthme
Caucasien et au fleuve Halys dès le septième ou
peut-être même dès le huitième siècle avant notre ère,
en même temps qu'à l'Orient leur empire atteignait
sans nul doute aux confins des pays hindous (1);
il est donc tout naturel de rapporter à cette circonstance la facilité avec laquelle les mêmes appellations
géographiques purent se propager et se naturaliser

(1) Cette limite avait été antérieurement celle de l'empire
d'Assyrie; elle fut plus tard celle de l'empire Persan. Il n'est pas
de notre sujet d'entrer dans les discussions purement historiques;
mais nous renverrons le lecteur, pour les éclaircissements qui
pourraient lui paraître nécessaires, à l'excellent *Précis d'Histoire
Ancienne* de MM. Poirson et Cayx, où sont parfaitement résu-
mées, sous une forme à la fois lucide et concise, les notions les
plus avancées de la science historique actuelle; voy. p. 90 et
suiv. de la 3ᵉ édit. 1831.

d'une extrémité à l'autre de l'empire. C'est à la même époque, selon toute probabilité, que plusieurs dénominations, nées évidemment dans la région de l'Indus, furent aussi apportées jusqu'aux environs du Pont-Euxin : tel est, entre autres, le nom des monts *Paruadrès*, nom que l'on croirait appartenir à la géographie de l'Inde et que nous rencontrons au-dessus des sources de l'Araxe et de l'Euphrate (1).

Le nom de *Caucase* dans l'isthme Caspien remonterait, il est vrai, à une époque antérieure de plusieurs siècles à celle que nous venons d'indiquer, s'il était certain que la présence de ce nom dans le poëme orphique des Argonautes (2) fût contemporaine de la composition originelle, certainement très-ancienne, de ce premier essai d'épopée pélasgique. Mais la partie de cette œuvre antique, qui se rapporte aux pays caucasiens, porte des traces trop évidentes d'interpolations, pour que l'on puisse aujourd'hui asseoir sur cette seule base une opinion de chronologie géographique. Ces interpolations, nous l'avons déjà fait remarquer précédemment, sont très-probablement l'œuvre d'Onomacrite, le premier éditeur du vieux poëme d'Orphée, et da-

---

(1) *Paru*, en sanskrit, signifie *montagne*. Ce mot forme la base d'une foule de noms de montagnes, notamment de celui du *Paropamisos* ou *Paropanisos*, autre dénomination que l'on trouve appliquée au Hindou-Koh concurremment avec celle du Caucase. Voyez Eug. Burnouf, *Commentaire sur le Yaçna*, p. 251.

(2) *Argonautica*, v. 1046, ed. Gesn.

tent conséquemment du milieu du sixième siècle avant Jésus-Christ, c'est-à-dire de l'époque même où les établissements encore récents des Milésiens sur la côte orientale et septentrionale du Pont-Euxin, venaient de révéler en quelque sorte ces contrées inhospitalières aux riverains de l'Égée et d'y porter l'intérêt qui s'attache à toute nouvelle découverte. Le nom du *Caucase* ne se trouve pas dans le Périple de Scylax, précieux document rédigé pour cette partie vers l'an 500 (1), mais dont il ne nous reste que des fragments mutilés. Nous avons vu déjà quelle place éminente ce nom occupe dans le Prométhée d'Eschyle, écrit à la même époque que le Périple de Scylax. Hérodote, plus rapproché de nous de cinquante ans environ, le mentionne à plusieurs reprises comme un nom déjà familier aux oreilles ioniennes.

Les documents qui portent avec eux une date certaine, les seuls sur lesquels nous puissions nous appuyer, nous désignent donc le huitième siècle avant notre ère comme l'époque la plus probable de l'introduction du nom de *Caucase* à l'ouest de la mer Caspienne; en même temps que tous les témoignages anciens, ceux des écrivains occidentaux comme ceux de l'Orient lui-même, nous montrent le premier berceau de cette dénomination dans les contrées montagneuses où l'Iran confine à l'Inde.

Mais ici d'autres questions se présentent : —

(1) Voy. sur ce point la discussion où nous sommes entré dans notre *Histoire géographique de l'Asie-Mineure ancienne*, p. 276.

questions de l'ordre le plus élevé dans l'ethnologie de l'ancien monde, et qui touchent aux racines mêmes de notre histoire primitive.

Y a-t-il un rapport direct, un rapport d'origine, de type et d'idiome, comme il semble y avoir un rapport de nom, entre ces *Khasas* de l'Himalaïa, chez lesquels est née la dénomination du *Caucase*, et les *Asi* que nous voyons établis plus tard dans les hautes vallées de cet autre Caucase occidental, celui de l'isthme Caspien ?

Nous posons cette question, mais nous n'essayerons pas de la résoudre.

Nous n'essayerons pas de la résoudre, parce qu'au fait principal qui forme le fond du problème se rattachent une foule de recherches et d'études subsidiaires qui exigent les libres développements d'un travail spécial.

Nous n'oserions assurer que les indications qu'une étude approfondie pourrait fournir éclairciraient complétement ce point obscur d'ethnologie asiatique : que de choses essentielles dans les origines des peuples il ne nous sera jamais donné de connaître ! — Nous pouvons seulement jeter, dès à présent, quelques aperçus isolés, propres peut-être à indiquer la route que devra suivre une investigation complète.

Entre les deux termes extrêmes du problème, les *Kasa* de l'Himalaïa et les *Asi* du Caucase, il y a des points intermédiaires vers lesquels devront converger les analogies communes, si ces analogies existent.

Ces points intermédiaires, ce sont les populations mèdes du sud-ouest et du sud de la Caspienne, et les Ases de l'Hyrcanie.

Les *Asi* ou *Ossi* du Caucase se donnent le nom d'*Iron*, et la tradition historique en fait des Mèdes, *Mâd*, ce que confirme la dénomination de *Mata* attribuée à celles de leurs tribus qui étaient descendues au versant nord de la chaîne vers les bords de la Méotide.

Les Mèdes, en effet, avaient originairement porté le nom d'*Ari* (1); c'est-à-dire qu'avant d'être constitués sous le nom de Mèdes en corps de nation, ils étaient rangés dans la grande famille des populations *Ariennes* ou *Iraniennes* : car *Aria* et *Iran* sont deux appellations synonymes.

Mais puisque les Mèdes-Irâniens du Caucase reçoivent aussi des nations au milieu desquelles ils demeurent le nom d'*Ossi* ou *Asi*, il devait y avoir un lien de parenté intime entre les anciens Mèdes et les populations qui leur confinaient sous le nom d'*Asi*, à l'angle sud-est de la mer Caspienne.

Ces *Ases* de l'Hyrcanie nous sont bien connus par les anciens géographes grecs et latins; ils sont aussi mentionnés fréquemment par les annalistes chinois, aux époques où la Chine étendit sa domination jusqu'aux bords orientaux de la Caspienne.

(1) Herod., VII, 62, et Pausan, II, 3. Comp. Herodot., I, 96.

Par ces diverses sources d'informations, tant orientales qu'occidentales, nous savons que les *Ases* de l'Hyrcanie appartenaient à la grande race des peuples *daciques*, qui est la même race que les *Deutch* ou *Teutons*; nous savons aussi que c'est au sein de ces *Dakhes* hyrcaniens que s'éleva, au troisième siècle avant l'ère chrétienne, la puissante monarchie des *Parthes* ou *Partçi*, dont la famille souveraine portait le nom d'*Askhán*, les Arsakides des historiens occidentaux. Dans les annalistes chinois, le peuple sur lequel règnent les rois parthes est appelé *Asi*(1).

D'autres analogies d'une nature encore plus intime confirment ces rapports historiques.

Les *Ossi* du Caucase sont un peuple à cheveux blonds dont la langue est d'origine médique.

Les anciens *Mèdes* étaient un peuple à cheveux blonds et leur langue était un rameau de la grande famille des idiomes irâniens, famille qui se rattache directement au zend, qui tient de très-près au sanskrit, et dont le persan actuel est une branche vivante.

Les *Dakhes*, *Asés* ou *Parthes*, trois dénominations synonymes, étaient un peuple à cheveux blonds, dont la langue était très-rapprochée des idiomes médiques, si elle ne leur était pas identique, puisque l'allemand moderne, descendu de la langue dacique par une filiation connue, conserve les plus grands rapports avec le persan.

(1) Voy. Abel-Rémusat, *Nouv. Mél. Asiat.*, t. I, p. 217.

Ainsi, entre les *Ases* caucasiens, les *Mèdes* et les *Ases* parthes ou dakhes, rapport intime de type physique et d'idiomes, de même qu'il y a entre eux de frappants rapports de traditions antiques.

Ase et *Dakhe* sont des noms de race; *Mède* et *Parthe* des noms d'un sens moins général, des noms de peuples ou de tribus ; *Arii* ou *Irâni* des appellations probablement dérivées de l'habitation géographique. Néanmoins, la valeur exacte et la corrélation précise de ces dénominations, resteront toujours plus ou moins incertaines.

Voici pour un des côtés du problème.

L'autre face a jusqu'à présent reçu moins de lumières, et c'est là surtout que devront se porter les futures investigations.

Cependant nous voyons par les relations des récents voyageurs que les hautes vallées du Hindou-Koh où demeurent encore des tribus de *Khasas* ou *Khassias*, appartiennent au moins en partie à des populations à *cheveux blonds* dont la langue est un dialecte grossier de la *souche sanskrite*.

Il semblerait donc, si cet indice n'est pas une lueur trompeuse, que les rapports intimes de *type* et de *langue* qui rattachent à un même centre les Ases caucasiens, les Mèdes et les Dakhes, se prolongeraient jusqu'aux Khasas du haut Hindoustan, et que l'on trouverait dans l'Himalaïa occidental le berceau primitif des populations ases : — conclusion d'ailleurs conforme à la loi générale de la propagation géographique des races humaines.

Mais là ne s'arrête pas cette chaîne d'analogies primitives, si importantes pour les origines de l'ancien monde.

De même que le groupe des populations dakhes de l'angle sud-est de la Caspienne se montre à nous comme une grande station intermédiaire dans la propagation graduelle des peuples blonds de la haute Asie vers l'Occident, la région du Caucase nous apparaît dans la première antiquité comme un autre point d'arrêt de ces vastes migrations, comme une nouvelle station entre les plaines de l'Oxus et le pourtour de l'Égée.

Ces faits d'un haut intérêt pour l'ethnographie européenne, nous ne faisons que les indiquer. Mais s'il nous est interdit d'en aborder ici les développements, nous ne devons pas non plus les passer sous silence; d'abord parce qu'ils touchent, ne serait-ce qu'extérieurement, aux antiquités ethnologiques du Caucase, et puis parce que cet aperçu, même rapide, même incomplet comme il nous faut le présenter, est cependant indispensable pour compléter nos recherches, en montrant quels rapports originaires la région du Caucase eut avec l'Occident, comme nous avons montré ses rapports primitifs avec l'Orient.

Les nations daciques de l'Oxus tenaient au Caucase par une double chaîne : au sud, par le pourtour méridional de la mer Caspienne, siége propre des peuples mèdes-ariens ; au nord, par les steppes du Jaïk, de l'Oural et du Volga.

Dans les anciennes géographies, nous voyons en effet cette dernière route échelonnée jusqu'au Tanaïs d'une suite de tribus ou de hordes qui portent, comme les *Ossi* du Caucase, le nom patronymique de la race, le nom d'*Ases* ou d'*Asiens*.

Mais ces tribus asiennes ne s'arrêtèrent pas à ce fleuve; bien des siècles avant l'arrivée des Ases-Mèdes dans le Caucase, elles avaient franchi cette grande barrière du Tanaïs, très-probablement après s'être arrêtées aux environs de la Méotide, et elles avaient continué leur migration à l'ouest vers le Danube. Tout indique aussi que des tribus parties du sud du Caucase avaient suivi la même route.

L'Illyrie et la Pannonie avaient des *Iases* et des *Ases*, de même que la Thrace, ce grand foyer de tribus orientales, avait ses *Mèdes*. Les anciens rapportaient même que la Thrace dans son ensemble avait jadis porté le nom d'*Arie* (1), sans doute à cause des nombreuses tribus médo-iraniennes qui s'y étaient arrêtées.

(1) Ce fait important nous a été conservé par Étienne de Byzance dans son Dictionnaire Géographique (au mot Θρᾴκη), ouvrage dont nous n'avons malheureusement plus qu'un maigre abrégé, et qui a cependant encore sauvé de l'oubli bien des indications précieuses pour la géographie des temps antiques. Le lexicographe ajoute que la Thrace avait aussi porté le nom de *Perkè*, indication qui se trouve aussi dans le commentaire d'Eustathe sur Denys le Périégète (*ad vers.* 323). C'est évidemment un terme médo-dacique, qui se rattache au *berg* des Teutons, et qui exprimait la nature âpre et montagneuse du pays. Le mot de *Thrace*, employé plus tard par les Hellènes et qui a prévalu, en est la traduction exacte (ἀπὸ τῆς Τραχείας).

D'autres tribus, sœurs des précédentes, avaient remonté quelques-uns des fleuves qui débouchent dans le Pont-Euxin, entre le Danube et le Tanaïs, et elles s'étaient ainsi avancées jusque sur la Vistule, où Tacite connaît des *Ariens* et des *Oses*. Il est remarquable de trouver ici cette modification de l'ethnique *ase*, analogue à celle qu'il a subie chez les Géorgiens (1). Peut-être ces Oses et ces Ariens de la Germanie orientale appartiennent-ils à la grande migration des Ases d'Odin.

Mais c'est vers le sud et le sud-est de la Thrace que les tribus asiennes se portèrent en plus grand nombre; c'est là aussi que leurs établissements ont le plus d'intérêt historique, parce qu'ils se rattachent directement aux origines des Hellènes, de cette nation qui occupe une place si éminente dans les fastes de l'humanité.

Les Hellènes, en effet, ou, comme nous les appelons communément d'après les Latins, les Grecs, ne sont que les anciens Pélasghes sous un nouveau nom ; *et les Pélasghes sont des Ases.*

Cette identité ethnologique, qui n'avait pas encore été remarquée, que nous sachions, soulèvera sans doute ce premier mouvement de défiance instinctive qui s'attache à toute proposition nouvelle dans un sujet déjà souvent exploré; mais nous en appelons à l'examen. Jusqu'à présent la question de

---

(1) La même modification paraît se représenter aussi chez les *Ou-sun* de l'Asie intérieure, peuple blond mentionné par les annalistes chinois. Voy. Klaproth, *Tabl. Histor. de l'Asie*, p. 163

l'origine des Pélasghes avait été envisagée d'un point
de vue beaucoup trop restreint. Pour nous, le fait
que nous énonçons n'est pas une hypothèse : c'est
le résultat nécessaire, inévitable, d'une foule de
données concordantes de nature à produire la con-
viction la plus absolue.

Ici encore il nous faut laisser de côté toutes les
preuves, tous les développements, et nous borner
à signaler quelques analogies capitales.

Et d'abord, il ne faut pas oublier que le véritable
nom des Pélasghes, leur nom patronymique, était
celui de *Iaôn*, adouci plus tard en *Ioniens*; le mot
Pélasghe n'était très-probablement qu'un surnom,
dont la signification est incertaine. Or, notre première observation, c'est que de *Ias* à *Iaôn* il y a un
passage grammaticalement régulier. *Ias* est le nominatif singulier du nom, c'est-à-dire l'individualité
isolée, dans la déclinaison normale du grec classique; *Iaôn* en serait le génitif pluriel. On pourrait
alléguer plus d'un cas où cette forme du génitif pluriel a été consacrée dans des noms de peuples ou de
tribus. Au surplus, cette dérivation ne fut pas ignorée des anciens, quoiqu'ils n'en aient pas soupçonné
la portée. Un poëte éolien, Duris d'Élæa, dans une
épigramme sur une inondation que Smyrne avait
éprouvée, appelait cette ville « la plus célèbre cité
des *Iasiens*, » τὴν Ἰάδων πολλὸν ἀοιδοτάτην (1), tirant la
forme *Iadôn*, au génitif pluriel, du nominatif sin-

(1) C'est Étienne de Byzance, au mot Ἔφεσος, qui nous a conservé ces vers.

gulier *Ias*, par une autre forme de déclinaison. Le
lexicographe Étienne de Byzance (1) dit positivement
que l'Ionie était aussi appelée *Ias*; et dans un autre
endroit (2) il ajoute que *Ian* pour Ioniens, ou, au fé-
minin, *Ias*, se tirait de Iaôn. Strabon rapporte également (3) que dans les anciens temps l'Attique avait
été appelée *Ionie* et *Ias*, Ιωνία και Ιας, prenant de
même ces deux noms dans une acception synonyme.
Nous savons d'ailleurs que des *Ases* avaient très-
anciennement formé sur le Caïstre un établissement
dont la tradition locale s'était perpétuée jusqu'aux
historiens de l'époque classique; et cette *Asie* du
Caïstre a cela de particulièrement remarquable, que
ce fut là, selon toute probabilité, que commença
pour les Grecs le nom d'Asie, qu'ils étendirent pro-
gressivement au continent tout entier (4).

Dans quelques-unes de ces vieilles généalogies
héroïques recueillies par les mythographes, où
se sont conservés les plus anciens souvenirs anté-
historiques de la race, *Iasos* est aussi donné
comme le synonyme de *Pelasgos*. Ce nom de *Iasos*,
ou *Iasios*, qui n'est évidemment qu'une forme ad-
jective dérivée de *Ias*, se retrouve au fond de toutes
les généalogies helléniques ou pélasgiques, de même
que les dénominations dérivées de l'ethnique *Ase*

(1) Au mot Ιας.
(2) Au mot Ιάων.
(3) Lib. IX, p. 392 B, Casaub.
(4) Sur ce point, on peut voir notre *Histoire géographique de l'Asie-Mineure ancienne*, p. 160.

ou *Iase* sont fréquentes dans la géographie primitive des parties de la Grèce, telles que l'Arcadie, où les Pélasghes avaient formé leurs principaux établissements. *Iasion* est un des fils du Jupiter, le dieu suprême de la race pélasgique ; et il a pour frère Dardanos, qui vint fonder une seconde colonie pélasgique—la première avait été celle de Teuker—sur les bords asiatiques de l'Hellespont, dans le pays qui par la suite prit le nom de Troade. Or, un vieil historien des Grecs d'Asie, Hellanicus de Lesbos, qui vivait plus d'un demi-siècle avant Hérodote, à une époque, conséquemment, où le souvenir des choses anciennes pouvait ne pas être encore effacé, Hellanicus, disons-nous, savait qu'un peuple du nom d'*Aziotes* avait occupé la Troade. Chez d'autres auteurs, aujourd'hui perdus, ce peuple paraît avoir aussi été désigné sous le nom d'*Aziens*, ἀζειοι (1). Dans Homère, Asios est le nom du chef qui conduit au secours de Priam les troupes d'Arisbé, métropole d'un grand établissement pélasgique.

Nous avons fait remarquer, dans notre histoire de l'Asie-Mineure ancienne (2), l'intime analogie que le nom des *Teukriens*, premiers colonisateurs de l'angle nord-ouest de l'Asie-Mineure, présente avec celui des peuples *Dakh* ou *Deutch* que nous savons s'être très-anciennement avancés par le nord du Pont-Euxin jusqu'au cœur de la Thrace. Et si l'on

___

(1) Steph. Byz. *sub voce* Ἀζειῶται. Suidas (*sub eod. v.*) répète la même mention.

(2) P. 232.

veut bien se rappeler ce que nous avons établi précédemment, que les Dakhes ne sont eux-mêmes que des
Ases, dont une tribu devint, au iiie siècle avant notre
ère, le noyau du célèbre empire des Parthes gou-
verné par la race antique d'Askân, ou des Arsacides,
on s'expliquera parfaitement comment le même nom
d'*Askan* se retrouve dans la race royale de Priam,
et comment on le voit aussi chez les premiers Phrygiens voisins de la Troade, les Phrygiens étant eux-
mêmes, comme les Teukriens, partis de la Thrace
pour venir chercher de nouveaux établissements dans
le nord de l'Asie-Mineure, et un grand nombre
de circonstances indiquant d'ailleurs entre eux et
les Troyens un rapport évident de parenté originaire.

De savants orientalistes ont signalé la ressemblance que présentent avec les *Phrygiens* ou *Brughès* des contrées Thraciques, les *Brighous* que les
livres sanskrits les plus anciens mentionnent à côté
des Ariâhs du haut Hindoustan (1). Cette homonymie singulière entre des peuples que les siècles historiques nous montrent séparés par la longueur de
la moitié de l'Asie, cette homonymie, disons-nous,
est loin d'être isolée. Outre celle que l'on peut soup-
çonner entre les Khasas de l'Himalaïa occidental et
les Ases du pourtour de la Caspienne, nous en trouvons une autre non moins frappante entre les *Daradas* hindous que nous avons déjà cités, et les

(1) Voyez notre *Histoire géographique de l'Asie-Mineure ancienne*, p. 202.

Dardaniens de la Thrace et de la Troade (1). Le nom des Daradas de l'Inde, connu dans l'Occident depuis l'expédition d'Alexandre, se trouve écrit chez les auteurs grecs et latins, tantôt *Daradræ*, tantôt *Dardæ* ou *Dardani*. Cette dernière forme ne diffère réellement de celle de Dardæ, pour Daradæ, que par l'addition finale du signe du pluriel, dans les idiomes hindo-germaniques. Les deux ethniques sont donc identiquement les mêmes. S'il nous était permis de placer entre les Daradas de l'Himalaïa et les Dardaniens de l'Hellespont la tribu Maëte des *Dandari*, dont les habitations au pied du Caucase occidental confinaient aux territoires des *Sindi* et des *Asi*, et qu'un ancien, si son texte n'est point altéré, a nommés *Dardari* (2), nous compléterions une chaîne continue d'analogies extrêmement remarquables, qui commence à l'Himalaïa et vient aboutir à l'Égée; et en même temps nous aurions retrouvé un nouveau point d'attache (3) entre l'ancienne ethnographie du Caucase et les contrées

(1) Sur les *Dardani* de la Troade, leur identité d'origine avec les Teukriens, et la parenté commune de ces deux tribus thraciques avec les Pélasghes et les Hellènes, nous devons renvoyer encore à notre *Histoire géographique de l'Asie-Mineure ancienne*, p. 227 et suiv.

(2) Plutarch. *in Lucul.* — On lit aussi dans le Géographe de Ravenne (p. 141, ed. Porch.): *Juxtà regionem Mæotidam est patria* (i. e. regio) *maxima, quæ dicitur Dardania*.

(3) Il en est d'autres encore. Ainsi Lucien (*in Toxari*) mentionne les *Makhluni* au voisinage de la Sindique, et ailleurs (*in Baccho*) il nomme les *Maklaï* des bords du Sindh.